DU MÊME AUTEUR

La lutte ouvrière, Montréal, Éditions de l'Homme, 1960

En grève (en collaboration), Montréal, Éditions du Jour, 1963

Comment joindre les deux bouts (avec Roland Parenteau), Montréal, Éditions du Jour, 1961

Les adultes à l'école, Montréal, Éditions du Jour, 1961

Réflexions d'un citoyen, Montréal, Cahiers de Cité libre, 1968

Québec, mes amours, Montréal, Beauchemin, 1968

L'éducation des adultes, Montréal, Boréal, 1985

Entre deux fêtes, Montréal, Éditions Stanké, 1987

Les temps changent, Montréal, Éditions Fides, 1988

L'Église a-t-elle abandonné les croyants?, Montréal, Éditions Paulines, 1994 (publié en anglais sous le titre *The Empty Cathedral*, Robert Davies Publishing, Montréal, 1994)

En quoi l'église doit-elle changer?, Montréal, Éditions Fides, 1994

Les catholiques et le sexe, Montréal, Éditions Logiques, 1996

Qui profiterait de l'indépendance du Québec?, Montréal, Éditions Varia, 1998

Jean-Paul Lefebvre

L'église en péril

Lettre aux évêques du Québec

ÉDITIONS ESCOP

Lettre aux évêques du Québec
est le seizième titre publié par les Éditions Lescop.

© Éditions Lescop
    5039, rue Saint-Urbain
    Montréal (Québec) H2T 2W4
    Téléphone : (514) 277-3808
    Télécopieur : (514) 277-9390
    Courriel : lescop@lescop.qc.ca
    www.lescop.qc.ca

Tous droits réservés.

Graphisme et mise en pages : Éditions Lescop
Révision : Atelier du mot vivant

Dépôt légal : octobre 2001
Bibliothèque nationale du Québec
Bibliothèque nationale du Canada

Diffusion et distribution :
    Hachette Canada
    9001, boulevard de l'Acadie, bureau 1002
    Montréal (Québec) H4N 3H5
    Téléphone : (514) 382-3034
    Télécopieur : (514) 381-5088
    www.hachette.qc.ca

Les Éditions Lescop remercient la Société de développement des entreprises culturelles du Québec et le Conseil des Arts du Canada de leur appui financier.

Gouvernement du Québec – Programme de crédit d'impôt pour l'édition de livres – Gestion SODEC

Données de catalogage avant publication (Canada)

Lefebvre, Jean-Paul, 1926-
    Lettre aux évêques du Québec
    Comprend des réf. bibliogr.
    ISBN 2-922776-13-1
    1. Église catholique - Ouvrages de controverse.
    2. Église catholique - Gouvernement.
    3. Jean-Paul II, pape, 1920- . I. Titre.
BX1779.5.L43 2001   282   C200-941338-6

IMPRIMÉ AU CANADA

Montréal, le 28 août 2001

Monsieur le cardinal,
Messieurs les archevêques,
Messieurs les évêques,

Depuis que les cardinaux ont convenu de se faire appeler «Monsieur», je n'ai d'autre choix que d'abandonner les salutations protocolaires plus solennelles qui vous ont depuis longtemps éloignés des autres membres du Peuple de Dieu.

Aujourd'hui, je me sens comme un matelot à bord d'un navire en péril. Les officiers de l'immense paquebot attendent, du ciel, un changement de cap qu'ils ont le pouvoir d'influencer. On peut penser au Titanic. Dans ce cas-ci, c'est beaucoup plus compliqué. Permettez-moi de m'expliquer. Ce sera un peu long.

L'âge de la retraite venu, j'ai retrouvé, sans l'avoir cherchée, l'occasion d'une réflexion plus profonde sur les fondements de ma foi chrétienne et de mon attachement à l'Église, renouant avec ma participation à l'Action catholique dans les années quarante.

Au cours de la dernière décennie, j'ai pu, comme beaucoup d'autres observateurs, mesurer l'écart considérable entre les positions pastorales prises au Concile Vatican II et celles qui ont été adoptées par le pape actuel depuis le début de son pontificat, en 1978. Lors d'une conversation très amicale, il y a déjà quelques années, l'un d'entre vous a cherché à calmer mon inquiétude en me disant : « Nous vivons une fin de règne. » J'ai beaucoup réfléchi à cette hypothèse et je dois vous dire en toute franchise que mon inquiétude pour l'avenir de l'Église demeure entière. Car il n'est pas assuré que le prochain règne sera différent !

L'une des particularités qui dévalorisent notre Église, c'est le culte du secret, le manque de transparence. Il y a tellement de questions taboues que les pratiquants, clercs et laïcs confondus, sont menacés de mutisme aigu. Une maladie dégénérative ! Depuis le début de mon immersion dans le milieu des spécialistes du Royaume de Dieu, il m'est arrivé d'écrire au pape ! Mes propos n'ont pas soulevé les échanges de vues que je souhaitais dans la communauté chrétienne du Québec. Dans ma lettre d'aujourd'hui, je confesse vouloir aborder plusieurs sujets prohibés, dont l'accès aux ministères ordonnés des femmes.

Je n'ai pas la prétention de vous apprendre quoi que ce soit sur le défi pastoral auquel l'Église doit faire face, au Québec et dans l'ensemble de l'Occident. Mon récit et les témoignages sur lesquels il s'appuie visent à exposer, en toute franchise, les raisons qui m'ont amené à formuler des suggestions à votre intention. Sans ce long préambule, ces suggestions auraient risqué d'être jugées impertinentes.

Beaucoup de personnes en quête de Dieu ont grand-peine à reconnaître, dans le message actuel de l'Église, la Bonne Nouvelle annoncée par Jésus. À cet égard, vous me permettrez, Monsieur le cardinal, de vous citer. Dès le début de votre épiscopat, vous disiez, dans une entrevue à la télévision, employant le langage direct dont vous aviez l'habitude lorsque vous étiez aumônier de la JOC : « Aujourd'hui, l'Église pogne plus, mais le Christ pogne encore » ! Voilà justement l'objet de notre inquiétude commune. Serait-il possible que le silence des évêques du Québec sur les causes de l'état de fait que vous décriviez alors, ait contribué à éloigner de l'Église la génération des *baby-boomers* et celles qui les ont suivis ? Vous me permettrez de le croire.

D'autre part, mes consultations, conversations et lectures des quinze dernières années me portent à penser que c'est un bien gros risque de compter uniquement sur le prochain pape pour lire, à lui seul, les « signes des temps ». Un nouveau concile sera sûrement nécessaire pour qu'un consensus s'établisse entre tous les membres du Collège des évêques. Mais, avant cela, le plus tôt possible, un débat public s'impose sur la mise à jour du discours de l'Église face à la diversité culturelle dans le monde. Diversité qui existe aussi dans notre milieu. Non seulement le Québec d'aujourd'hui est-il plus multiethnique que jamais, mais la mutation culturelle rapide que nous connaissons depuis quarante ans, a créé un fossé entre les générations. Pour que la mise à jour souhaitable soit satisfaisante, elle devra faire appel aux ressources disponibles dans l'ensemble du Peuple de Dieu. Je vois difficilement comment ce dossier peut être ouvert sans une participation immédiate de notre épiscopat.

Les croyants du Québec, baptisés ou non, ont besoin, pour redécouvrir la fraîcheur du message évangélique, de retrouver, chez leurs évêques, une parole libre. Nous ne pouvons dialoguer avec le pape, mais nous pouvons le faire avec nos évêques. Si vous y consentez.

En portant à votre connaissance le récit de mon aventure récente, je veux témoigner de mon attachement à l'Église et de mon respect pour l'influence primordiale que vous êtes appelés à exercer sur son avenir. Dans mes livres précédents, il ne m'est arrivé qu'une fois de critiquer l'Assemblée des évêques du Québec. Cela m'a valu, de la part de l'un de vos confrères, décédé en 1996, une première invitation à dîner et l'instauration d'un dialogue durable, qui se mua par la suite en une réelle amitié. Je reviendrai sur mes échanges avec cet évêque prophétique, malheureusement muselé. C'est un euphémisme de dire qu'il n'est pas le seul à l'avoir été.

Ma nouvelle démarche me vaudra-t-elle d'autres dialogues fructueux avec l'un ou l'autre d'entre vous ? Je l'ignore. Mon objectif, en vous livrant cette lettre « ouverte » plutôt qu'une enveloppe timbrée à votre adresse respective, est de convaincre le plus grand nombre possible de croyants que l'avenir de leur Église les concerne, qu'ils en sont co-responsables, avec vous. La « papolâtrie » et le faux respect des autorités épiscopales constituent un abandon des responsabilités de chacun.

Qui a dit que l'occasion fait le larron ? Voici comment la chose est arrivée dans mon cas.

En 1989, l'Institut de pastorale des Dominicains voulant transformer en magazine la revue *Communauté chrétienne*, on me demanda si ce travail m'intéressait. Ne me sentant pas la compétence voulue pour diriger une publication destinée principalement à l'information des agents de pastorale, je refusai le poste. Puis, sur l'insistance de mes interlocuteurs, je finis par accepter.

Ainsi fus-je immergé dans l'ambiance des spécialistes du Royaume de Dieu. Je ne tardai pas à découvrir qu'il y avait, au Québec et dans le monde, deux Églises catholiques ! Vous m'avez bien lu : deux Églises catholiques. On pourrait même dire trois ! La plus importante en nombre, c'est sans doute celle que forment tous les baptisés qui se sont éloignés de la pratique religieuse ; la seconde se compose principalement de gens de l'âge d'or ayant poursuivi

la pratique religieuse de leur enfance sans se sentir responsables de l'avenir de l'héritage chrétien; le troisième
groupe, minoritaire, mais très actif, comprend toutes
les personnes encore marquées par l'esprit du Concile
Vatican II. Les papes Jean XXIII et Paul VI ont favorisé
une pastorale qui tienne compte des «signes des temps».
Cela s'est manifesté par une plus grande ouverture aux
valeurs du monde moderne, par l'acceptation du fait que
les catholiques d'Asie ou d'Afrique avaient droit de penser leur foi et de la célébrer à leur façon, qui pouvait légitimement différer de celle des croyants d'Amérique du
Sud ou d'Europe. L'esprit du Concile Vatican II est resté
bien vivant chez une minorité de clercs et de laïcs engagés
dans l'étude et l'enseignement de la théologie ou dans
l'action pastorale. Par la publication du magazine, nous
voulions supporter ce courant de pensée.

Au début, j'étais mal à l'aise dans mon nouveau rôle. À
preuve, ma première remarque à une collaboratrice, en
l'occurrence, l'excellente théologienne Marie Gratton,
consista à lui suggérer d'atténuer une critique, pourtant très
respectueuse, à propos d'un texte du pape! C'était en 1989.

Mes deux années à la direction du magazine m'ont
beaucoup instruit. C'est avec joie que j'ai découvert,
d'abord au Québec puis, par ma nouvelle piste de lectures,
ailleurs dans le vaste monde, une Église très dynamique,
en dépit de ses temples presque vides. J'ai aussi appris à
mesurer la précarité, à moyen terme, de toutes les institu-

tions ecclésiales. Même dans la partie la plus vivante de l'Église, la moyenne d'âge est très élevée ! Et le bassin de population qui fait vivre les communautés chrétiennes et leurs services périphériques (publications, services de pastorale, institutions d'enseignement) ne cesse de se rétrécir, au même rythme que les équipes sacerdotales. Seules les communautés religieuses solidement installées en pays de mission ont des chances d'échapper à cette fatalité. Il y a une autre exception : les communautés chrétiennes formées par les groupes ethniques, dans la région de Montréal.

J'ai recruté, pour lancer le magazine *Communauté chrétienne*, une équipe de rédaction très riche en talents et en connaissances. Durant les deux années où nous avons travaillé ensemble, j'ai pris le goût de mener à bien un travail personnel de recherche et de réflexion sur la question, centrale, de l'inculturation de la foi chrétienne dans le monde moderne. Ce travail impliquait un approfondissement des valeurs réelles de la culture moderne et un effort d'identification du contenu fondamental de la Bonne Nouvelle apportée sur notre planète par Jésus. Autrement dit, pour savoir si le message évangélique était toujours pertinent 2000 ans plus tard, il fallait le libérer des déformations que les bureaucraties ecclésiastiques successives lui avaient fait subir. D'autre part, il importait de distinguer, dans le cadre de la modernité, les valeurs à retenir et les orientations moins positives, voire déshumanisantes.

Durant la décennie 90, j'ai consacré le plus clair de mon temps à l'étude de la situation pastorale de l'Église. Mes interlocuteurs ont souvent été de grands spécialistes des sciences religieuses, hommes ou femmes, clercs (y compris plusieurs évêques) ou laïcs. Ce furent aussi des chercheurs et des chercheuses de Dieu, sans qualification particulière, comme je le suis moi-même. Rencontres et lectures connexes m'ont amené à publier, en 1992, un premier bouquin : *L'Église a-t-elle abandonné les croyants*[1] ? Forcé par les faits à donner une réponse largement affirmative à cette question, je ne pouvais exonérer les fidèles « abandonnés » de tout blâme. Le Concile ne nous a-t-il pas appris que tous les baptisés forment l'Église ?... En bonne logique, il me fallait faire ma petite part pour sensibiliser les fidèles, surtout les jeunes, à l'urgence de rajeunir l'Église. Ou, à tout le moins, de se poser, fût-ce en marge d'une Église qui a perdu le contact avec eux, les questions fondamentales de l'existence de Dieu et de sa présence dans le monde.

J'ai découvert que plusieurs régions du globe, dont le Canada anglais, étaient pourvues de mouvements populaires, où des catholiques se regroupaient pour tenter de réaliser ce dont je rêvais pour l'Église du Québec. Je décidai de formuler un projet :

---

1. Jean-Paul LEFEBVRE, *L'Église a-t-elle abandonné les croyants ?*, Montréal, Éditions Paulines, 1992.

Le mouvement *Culture et foi*, préférablement pris en charge par les membres de la génération des *baby-boomers*, serait ouvert à tous les baptisés, principalement aux laïcs. Il reposerait sur un réseau de petites équipes de réflexion, réparties sur l'ensemble du territoire du Québec et composées de baptisés décidés à tenter un effort concerté pour empêcher la marginalisation et la banalisation d'un héritage très important, la culture chrétienne. Convaincus que les valeurs religieuses ne sauraient reposer sur la négation des valeurs séculières, ils s'engageraient personnellement dans la recherche et la promotion d'une spiritualité (chrétienne) laïque dans le monde d'aujourd'hui. Persuadées que les débats suscités par le Concile Vatican II se rapprochaient davantage de l'esprit évangélique que l'attitude actuelle des congrégations romaines, ces personnes, réunies en équipes, chercheraient à favoriser la participation du Peuple de Dieu aux prises de décision dans leur Église, devenue plus cléricale qu'elle ne le fut jamais, en dépit de la présence en son sein d'un grand nombre de laïcs au titre d'agents de pastorale...

Je terminais ma proposition en réitérant mon espoir que des croyants de trente à cinquante ans puissent prendre l'INITIATIVE de cette tâche difficile. Mon invitation tarda à provoquer des échos chez ses destinataires! Mais je ne me résignais pas à l'idée que l'Église du Québec demeure un club de l'âge d'or, forcément voué à l'extinction. Les fidèles ne sont-ils pas collectivement responsables de la forme de suicide institutionnel que représenterait la disparition de l'héritage chrétien chez les catholiques francophones du Québec ? Responsabilité incombant particulièrement à ceux d'entre eux qui sont conscients que la désertion des églises tient, pour une part importante, au fait que Rome a tourné le dos au Concile Vatican II[2] et imposé un catéchisme et une pastorale en flagrante et inutile opposition avec les valeurs modernes. Comme vous le savez, les Pères du Concile ont insisté sur l'importance de la conscience individuelle et du discernement dans l'orientation de chaque croyant. Plusieurs d'entre vous ont d'ailleurs rappelé ce fait dans l'une ou l'autre de vos lettres pastorales.

Faute de jeunes volontaires pour amorcer l'aventure, je me crus obligé de faire les premiers pas, en espérant que nous pourrions susciter une relève dans la force de l'âge. J'en parlai d'abord au dominicain Richard Guimond, à l'époque prieur provincial de son ordre, à qui j'avais soumis le manuscrit de mon bouquin de 1992, en me demandant s'il ne me trouverait pas légèrement irrévérencieux. Il rédigea, sous le titre révélateur : *Rendez-nous notre Église*, une préface plus exigeante que mes lamentations, bien que rédigée dans un langage moins rude que le mien.

Il était donc tout naturel qu'en 1994, Richard Guimond soit mon premier interlocuteur sur la faisabilité d'un projet *Culture et foi* au Québec. Surtout qu'entre temps, nous

---

2. André Naud, *Devant la nouvelle profession de foi et le serment de fidélité*, Montréal, Fides, 1989, p. 14.

étions devenus des amis. Né plusieurs années après moi, il voulut bien, par son adhésion, abaisser l'âge moyen du noyau initial de personnes qui allait se lancer dans l'aventure. De septembre 1994 à mars 1995, ce fut la période des contacts préparatoires, dans divers milieux susceptibles d'être intéressés. Notre première idée était de privilégier le regroupement de couples au sein de petites équipes. Sans doute parce que les couples sont les principales victimes de l'inadaptation de la pastorale de l'Église à la situation du monde moderne. Il n'était cependant pas question d'exclure qui que ce soit.

À l'été 1994, je remis à Fernand Dumont, philosophe, sociologue et théologien bien connu, l'ébauche d'un petit dépliant que nous avions préparé pour faire connaître les objectifs du réseau projeté. Bien que très malade déjà, Dumont choisit de me répondre par écrit. Sa lettre du 11 août 1994 m'est très précieuse. D'une part, elle me fournissait une nouvelle preuve que nos orientations politiques divergentes, depuis les trente dernières années, n'avaient aucunement altéré une amitié vieille de quarante ans. La raison en est très simple. Notre foi commune dans le Royaume de Dieu pouvait supporter nos divergences sur le royaume des hommes! La réponse de Dumont rendit par ailleurs un grand service à notre équipe en l'obligeant à identifier et à nommer le problème le plus sérieux qui affecte notre église. J'en cite un extrait:

J'ai bien reçu l'ébauche de présentation des équipes *Culture et foi*. Elle est très suggestive. Pour répondre à ton souhait, je te fais part de quelques remarques. Vous privilégiez les couples dans la formation des équipes, les problèmes de contraception, les difficultés des divorcés-remariés. Ce sont évidemment des questions cruciales; mais, n'est-ce pas, au départ, paraître limiter les objectifs de l'entreprise? L'autoritarisme dans l'Église est d'une beaucoup plus grande envergure...

Dumont acceptait d'être solidaire de notre démarche. Ce qui n'était pas négligeable, si l'on se rappelle que l'Assemblée des évêques du Québec l'avait nommé président d'une importante Commission d'étude sur les laïcs et l'Église en 1970.

En mars 1995, vingt-et-un braves se rencontrèrent, pendant une fin de semaine, chez les moniales dominicaines, à Berthier, dans le cadre d'un échange de vues sur l'utilité et la faisabilité d'un réseau *Culture et foi* au Québec.

Ce groupe de pionniers avait toutes sortes de qualités dont l'une, particulièrement importante, était de tendre vers un abaissement de l'âge moyen des futurs membres du réseau. On peut dire qu'il s'y trouvait sept jeunes et quatorze moins jeunes!

L'assemblée de fondation du réseau eut lieu à Montréal, en juin 1995. Les jeunes y étaient encore en minorité. Hélas! Six ans plus tard, et après avoir tenu bon nombre de réunions, de colloques, de conférences et d'autres rencontres, il serait téméraire d'affirmer que la survie du réseau est assurée (c'est d'ailleurs le cas pour une forte proportion des œuvres ou entreprises des communautés catholiques au Québec). Sans en faire un présage pessimiste, je dois dire ici que la « Coalition of Canadian Concerned Catholics » (CCCC) a cessé ses activités au Canada anglais en 1998, après neuf ans d'existence. Par ailleurs, dans plusieurs pays, notamment en France, en Autriche et aux États-Unis, on retrouve divers groupes, parfois fort bien organisés, qui militent dans le sens des objectifs que nous nous sommes fixés. Un réseau international, opérant sous la bannière « We are Church / Nous sommes l'Église » est maintenant le porte-voix principal de ce courant de pastorale adaptée aux valeurs positives de la modernité.

En France et aux États-Unis, on observe l'existence, non pas d'un seul organisme, mais d'une floraison de groupes qui travaillent dans ce sens. La communauté catholique au Québec et dans l'ensemble du Canada, il ne faut pas l'oublier, est beaucoup moins nombreuse que dans ces pays-là. Il y a plus de cinquante millions de catholiques chez nos voisins du Sud et un nombre à peu près comparable en France. Je ne parle évidemment pas de pratiquants, mais de baptisés. Je ferai aussi remarquer qu'en Autriche, où il a pris naissance, aussi bien qu'en France et aux Etats-Unis, le mouvement reçoit l'appui de plusieurs évêques. Voire même d'un cardinal. J'y reviendrai.

Au Québec, jusqu'à maintenant, les appuis reçus de l'épiscopat ont été très rares et… confidentiels, même si l'un
d'entre vous, je me dois de le souligner, a fourni une contribution substantielle au démarrage de l'aventure.

Dès la création de *Culture et foi*, nous avons pu bénéfi-
cier de l'action du mouvement *Nous sommes l'Église*. Le
groupe avait mis en circulation une pétition réclamant
une révision des positions pastorales de l'Église dans des
domaines comme la planification familiale, la situation
des divorcés-remariés, l'ordination d'hommes mariés ou
de femmes, mariées ou non… Une copie anglaise m'est
tombée sous la main. L'ayant traduite, j'ai proposé aux
membres du réseau de la faire circuler dans notre milieu.
J'y voyais un instrument idéal de contact et d'éducation,
ainsi qu'une première action concrète. Il a fallu s'y prendre
à deux ou trois reprises pour réunir les appuis nécessaires.
Les Québécois sont habitués aux pétitions adressées aux
dirigeants politiques sur des questions relatives à l'environ-
nement ou aux droits civiques. Que celle-ci fût destinée
au pape parut bizarre à plusieurs. Finalement, le projet a
démarré, mais nous n'avons fourni qu'une très petite proportion des millions de signatures qui furent déposées au
Vatican par les porte-parole de cette grande coalition.

En janvier 1999, je lus sur Internet que le réseau international préparait une autre intervention en rapport avec
le choix du prochain pape. Je proposai à mes amis de *Culture et foi* de communiquer avec le quartier général de *Nous*

sommes l'Église, à Vienne. Nous le ferions d'abord pour leur faire parvenir la modeste contribution financière que les responsables souhaitaient recevoir de la part des groupes qui avaient appuyé la première pétition. En second lieu, nous les consulterions sur la façon dont nous pourrions intervenir dans le délicat problème de l'état de santé du pape. Devrions-nous, en prenant les précautions d'usage, évoquer la possibilité qu'il démissionne? Je crois en avoir scandalisé plusieurs. Pourtant, tous ont eu l'occasion de voir le pape livide et tenant à peine sur ses jambes, transporté comme une icône de basilique en stade. On se rappellera l'allusion du courageux président de la Conférence des évêques d'Allemagne, faite sur la place publique (mais très diplomatiquement) à l'opportunité de la démission du pape, allusion formulée à peu près comme suit: «Je suis certain que si le pape Jean-Paul II devait se sentir incapable de remplir sa lourde tâche, il n'hésiterait pas à remettre sa démission»!

L'autoritarisme de Rome, accentué sous le pontife actuel, a été étudié, analysé et critiqué par plusieurs cardinaux, archevêques et évêques, dans des termes respectueux, mais non équivoques. Il a aussi été étudié, analysé et dénoncé, dans des termes parfois plus directs, par des douzaines de savants théologiens, historiens de l'Église, philosophes, essayistes et autres scribes de bonne réputation. Pourtant, même les cathos instruits, adultes et de tendance réformiste, qui n'ont aucun scrupule à nommer les erreurs et les faiblesses des papes décédés, contractent une certaine frilosité quand vient le moment de critiquer le pape régnant! J'en étais encore là moi-même en 1989. Il m'a fallu plusieurs années de réflexion pour me sentir libre dans l'Église.

Pourquoi est-il si difficile, au Québec, de provoquer un débat public sur le problème de l'avenir de notre Église? Ce n'est pas seulement parce que nous sommes moins nombreux que nos congénères français ou américains. Je vous le dis en toute candeur, les catholiques d'ici sont convaincus que l'Église est formée des seuls évêques. Lesquels ne parlent pas de cette question ouvertement. N'ayant pas lu les documents du Concile Vatican II, les gens d'ici ne croient pas que l'Église peut changer, qu'elle pourrait ressembler davantage à ce qu'ils perçoivent comme l'essentiel du message du Christ.

Je crois sincèrement que tous les efforts pastoraux pour rejoindre les baptisés distants ou les jeunes seront largement inutiles aussi longtemps qu'un débat de fond n'aura pas eu lieu. Dans les pays où ce débat existe, des évêques y participent.

Toujours est-il que le mouvement *Nous sommes l'Église*, auquel j'ai fait référence, devait finalement adresser à tous les cardinaux du monde une déclaration où il était affirmé que l'Église a besoin d'un pape qui appelle à un véritable dialogue public, non seulement sur les questions théologiques, mais sur ses enseignements moraux et ses politiques propres. La déclaration, appuyée par 139 groupes catholiques provenant de 27 pays, était faite à l'occasion du 20ᵉ anniversaire de l'élection de Jean-Paul II. Une telle démarche mérite le respect.

Cinq ans après la fondation du réseau *Culture et foi*, l'une de ses équipes a conçu un site Internet mettant à la disposition de tous aussi bien les documents officiels, diffusés par Rome et par les autres instances de la hiérarchie, que les publications des nombreux groupes de partout dans le monde qui alimentent une pensée libre et engagée sur les enjeux spirituels et religieux de notre siècle.

Longue vie au réseau *Culture et foi* et à son site Internet, <www.culture-et-foi.f2s.com>!

*   *   *

Dès mon entrée en fonctions à la revue *Communauté chrétienne*, à l'automne 1989, avant même que ce périodique ne cède la place à un nouveau magazine du même nom, j'avais eu l'idée d'interviewer Bernard Hubert, à ce moment-là évêque de Saint-Jean / Longueuil, mais qui fut aussi, au cours de sa fructueuse carrière, président de l'Assemblée des évêques du Québec et président de la Conférence des évêques catholiques du Canada.

Monsieur Hubert me reçut très aimablement. Nous avons causé pendant une heure et demie et abordé un grand nombre de sujets. Mais, une fois transcrite intégralement, l'entrevue aurait occupé la moitié de la dernière édition de la revue. Je choisis donc de laisser de côté la partie de la conversation où mon interlocuteur avait défendu les positions de Rome en rapport avec la vie des couples : contrôle des naissances, divorce, remariage, avortement... Lorsque la revue sortit des presses, j'en fis parvenir un exemplaire à mon interlocuteur avec le ruban sur lequel l'entrevue avait été enregistrée. Intelligent comme il l'était, il aura sûrement noté la sélection que j'avais faite dans ses propos. Il m'adressa une note me disant qu'il avait apprécié notre conversation et qu'il serait disponible lorsque les circonstances justifieraient une nouvelle rencontre. Plus tard, il se plaignit à moi que les journalistes ne rapportaient pas les propos des dirigeants de l'Assemblée des évêques à l'issue de vos réunions. Je me permis de lui répondre : « C'est facile à comprendre, vous ne leur dites rien qu'ils jugent intéressant pour leurs lecteurs ou leurs auditeurs. » Et j'ajoutai : « Les vrais problèmes de l'Église et de ses fidèles sont rarement abordés en public. »

Le six mai 1993, les évêques du Québec présentaient au pape l'adresse habituelle à l'occasion de leur visite quinquennale. Le texte, certainement « négocié » dans un comité représentatif des diverses tendances au sein de l'Assemblée des évêques d'alors, fut lu par leur président, Bernard Hubert. Il traitait avec franchise et lucidité de « l'inconfort des évêques du Québec » cherchant à vivre une double solidarité, d'une part avec l'Église universelle (en réalité, avec le pape) et, d'autre part avec une culture nord-américaine axée sur le respect des droits de la personne et l'égalité des hommes et des femmes. Comme beaucoup de croyants, sans doute, j'étais heureux de lire cela. Mais, plus loin dans le texte, les auteurs attribuaient à un courant hédoniste le fait que le rappel des « exigences chrétiennes en matière de sexualité [est] sans cesse battu en brèche » ! Le 30 mai suivant, dans *La Presse*, je publiais un article où je rapprochais « l'inconfort des évêques » et « les regrets des simples fidèles ». Ces regrets portaient, évidemment, sur le point de chute du courage épiscopal. Il était évident que les deux extraits cités plus haut n'avaient pas été proposés par la même personne. J'insistai sur le fait que, la morale sexuelle enseignée par Rome ne tenant aucun compte de la conscience des chrétiens, ni des connaissances de la psychologie moderne, elle n'est pas reçue par les fidèles. N'invoquer ici que l'hédonisme est un faux-fuyant. Cet article me valut un nouveau *lunch* à la résidence de l'évêque de Saint-Jean / Longueuil. Avec beaucoup de diplomatie, il aborda le sujet d'abord en me disant que j'avais peut-être été un peu dur pour l'Assemblée des évêques. Je répondis que le clergé avait été, pendant très longtemps, très dur pour les couples et, en particulier, pour les femmes. À celles-ci, les confesseurs ne reconnaissaient ni le droit de planifier leur famille, ni celui de « refuser »

douze ou quinze livres, dont deux biographies magistrales, celles de Jean XXIII et de Paul VI[3].

Je le connaissais déjà par ses articles à l'hebdomadaire américain *The National Catholic Reporter.* En arrivant à Londres, je n'ai pas eu de peine à repérer Peter Hebblethwaite. Il habitait à Oxford.

Mon rendez-vous fut fixé au lendemain. À l'adresse indiquée, je sonne et me retrouve face à un escalier aussi étroit que haut, encombré de deux bicyclettes. Au bout de ce tunnel ascendant se tient une femme de ménage. Elle me fait signe de monter et m'informe que je trouverai le maître de la maison dans la pièce du fond. Après avoir franchi un long corridor, horizontal celui-là, j'entre dans une pièce qui me semble, à première vue, un entrepôt de livres. Il y en a sur tous les murs, sur un pupitre dont je dois deviner la présence, sur les chaises et sur une petite table... Au premier coup d'œil, je n'aperçois aucun être vivant. Tout à coup, au-dessus d'une pile de documents, une tête apparaît, une main s'avance vers moi, et une voix me dit : « bienvenue ». Le penseur avait délaissé son ordinateur pour m'accueillir. Il m'invita à m'asseoir. Ce que je fis, après avoir demandé la permission de libérer une chaise ! J'installai mon magnétophone sur une pile de livres. Et,

---

3. Peter HEBBLETHWAITE, *John XXIII, Pope of the Council,* London, Geoffry Chapman Book, Cassel Ltd, 1985 ; *Paul VI, The First Modern Pope,* New Jersey, 07430, Paulist Press Mahwah, 1993 ; à lire aussi, un livre posthume, *Pope John Paul II and the Church,* Kansas City, Sheed & Ward, 1995.

comme j'avais bien expliqué au téléphone le motif de ma visite, je posai ma première question. Pendant une heure, les réponses coulèrent de source.

La barbe laissée à l'abandon, le crâne chauve, les vêtements négligés, la bouille du bon vivant qui mange et boit sans doute un peu trop pour sa santé, rien de tout cela ne m'avait frappé tant que l'enregistreuse était en marche. Ce n'est qu'une fois assis au restaurant où je l'avais invité pour le *lunch*, que je mesurai un peu mieux la personnalité de Peter Hebblethwaite. Qui restera gravée dans ma mémoire. Pourquoi pas jusqu'au paradis, où j'espère bien pouvoir dialoguer avec cet esprit exceptionnel. Il s'est éteint à l'âge de soixante-quatre ans, le 18 décembre 1994.

Je recommande fortement la lecture de ses deux biographies pontificales et de l'ensemble de son œuvre. Dans le contexte de la présente «lettre ouverte», cependant, je retiendrai plutôt un petit livre dont il m'a fait cadeau[4]. L'auteur y donne un compte rendu très détaillé du synode des évêques, tenu à Rome en 1985, pour commémorer le vingtième anniversaire du Concile Vatican II. Lors de notre rencontre, par ailleurs, Hebblethwaite me mentionna qu'il était à écrire un bouquin sur le rôle de Jean-Paul II dans l'implosion du bloc soviétique. «C'est ce qu'il a fait de

4. Peter HEBBLETHWAITE, *Synod extraordinary*, Darton, Logman and Todd, 1986, p. 128-129.

mieux», commenta-t-il. À ce jour, j'ignore si cet ultime manuscrit a pu voir le jour.

Dans son *Synod Extraordinary*, Hebblethwaite rapporte, en particulier, l'intervention du «jeune et brillant évêque de Saint-Jean / Longueuil» (p. 128-129). Après avoir expliqué qu'en 1985, le Vatican n'était pas plus enclin à pratiquer la collégialité épiscopale préconisée par le Concile Vatican II qu'à laisser se développer la «théologie de la libération», l'auteur souligne l'audace de Bernard Hubert. Nouvellement élu président de la Conférence des évêques catholiques du Canada (CECC), ce dernier n'a pas craint de formuler deux propositions au beau milieu d'un synode visiblement dirigé par la Curie romaine et dont les conclusions étaient arrêtées dès l'ouverture! De son siège au sein de l'assemblée, sans en avoir prévenu qui que ce soit, Bernard Hubert proposa d'abord que le Synode rédige et adopte un message à l'intention de tous les croyants, femmes et hommes de bonne volonté. Dans son esprit, manifestement, ce message devait s'inspirer de l'esprit du Concile. La proposition reçut l'aval des participants, mais la rédaction du texte fut confiée au cardinal Lustiger. L'archevêque de Paris est, comme vous le savez, un intime du pape actuel. Résultat: un texte dont personne ne se sentit solidaire. Le projet fut abandonné.

Dans son autre proposition, Bernard Hubert montra encore plus d'audace. Il y affirma d'abord que le nombre de problèmes fondamentaux abordés par le Synode était tel que les évêques ne pouvaient espérer les étudier à fond dans les deux semaines dont ils disposaient. Il leur suggérait de se fixer plutôt comme objectif de dresser la liste des sujets à débattre et d'ajourner les travaux en cours pour les reprendre un an plus tard. Entre temps, les conférences épiscopales, sur tous les continents, auraient eu le loisir d'étudier les questions retenues. Les membres du Synode pourraient ensuite revenir à Rome beaucoup mieux préparés !

Voici un extrait de l'argumentation de Bernard Hubert que rapporte Hebblethwaite, en la déclarant prophétique : « Cela donnerait (aussi) l'occasion à tous les baptisés qui le désirent de prendre une part active à la vie de l'Église universelle. Les laïcs, femmes et hommes, religieux et prêtres sont tous responsables avec nous de la mission confiée à l'Église par le Christ. Ils ont un rôle à jouer dans les actions découlant de Vatican II. Eux aussi sont guidés par l'Esprit Saint dans leur témoignage apostolique… »

Comme l'écrit Peter Hebblethwaite, Bernard Hubert n'avait aucune chance de faire entériner une proposition qui aurait rétabli la collégialité des évêques, jamais mise en pratique par Jean-Paul II. Le président de la Conférence des évêques du Canada voulait aussi redonner aux conférences épiscopales instituées par Paul VI une influence que le Vatican cherchait à réduire. Rome y est d'ailleurs parvenue par l'entremise d'une règle voulant que toute position prise par une conférence épiscopale soit adoptée à l'unanimité pour se mériter d'être considérée par la curie et par le pape ! L'unanimité, dans n'importe quel groupe, signifie le plus bas dénominateur commun. Mais le fait d'être empêchés d'agir collectivement, pourrait en inciter certains d'entre nous à agir individuellement ! Ici se termine ma référence à Peter Hebblethwaite.

J'en reviens à la chronique de mes échanges avec cet évêque prophétique qu'était Bernard Hubert, visiblement muselé, car il n'a plus repris, dans la suite de son mandat épiscopal, les revendications très claires que contenaient ses propositions au synode de 1985, surtout la deuxième.

Ma femme sera désormais impliquée dans mon récit. À l'été 1995, nous recevons Bernard Hubert à souper. Il nous apporte un exemplaire du livre qu'il vient de publier[5], et un magnifique album de photos de Mia et Klaus, *Les ciels de Saint-Jean*. La conversation est beaucoup plus chaleureuse que lors de nos précédents tête-à-tête. Après la soirée, j'offre à notre invité de lui prêter le livre d'Hebblethwaite qu'il ne connaissait pas, bien qu'il y soit question de lui, ainsi que la magistrale biographie de Paul VI, du même auteur.

En parcourant l'exemplaire dédicacé de son livre par la suite, j'ai pu constater que Bernard Hubert demeurait très fidèle à la ligne de Rome sur tout ce qui concernait les questions du mariage et des rapports sexuels. Il donnait

---

5. Bernard HUBERT, *Malgré tout, l'espoir*, Montréal, Fides, 1994.

cependant à comprendre que sa hardiesse passée (lors du synode de 1985) lui avait valu quelques mises au point des plus hautes autorités de l'Église.

Peu de temps avant Noël 1995, nous recevions un coup de fil de celui qui était en voie de devenir pour nous un véritable ami. Il nous invitait à partager un repas chez lui. Le hasard a voulu que le rendez-vous coïncide avec deux événements inopportuns pour les déplacements en voiture, l'une des pires tempêtes de neige de la décennie et la célèbre guignolée des employés de Radio-Canada. Malheureuse coïncidence. Le centre ville était bloqué. La traversée du pont Jacques Cartier en direction de Longueuil constituait un véritable défi. Nous arrivâmes donc très en retard à notre rendez-vous. La conversation fut quand même très chaleureuse, je dirais même presque fraternelle. Nous avons surtout parlé de *Culture et foi*, de sa raison d'être et de nos espoirs respectifs pour l'Église de demain. En quittant, assez tard, la résidence de l'évêque, nous étions convaincus d'avoir eu devant nous un homme profondément préoccupé et désireux d'agir. Il nous avait, en particulier, exprimé ses doutes sur la valeur de l'enseignement religieux offert dans les écoles comme moyen d'évangélisation des jeunes dont les parents ne sont pas engagés dans la pratique chrétienne.

Le 2 janvier 1996 nous parvenait un mot de Bernard Hubert. Il y écrivait notamment ceci : « ... Je partage une part importante de vos préoccupations et de votre vision de la mission ecclésiale. [...] Dans quelques jours, j'enverrai des noms de gens intéressés. Veuillez trouver, ci-jointe, une offrande pour votre groupe. Amitié, solidarité. Bernard Hubert[6]. »

Notre nouvel ami est mort dans son sommeil, d'une crise cardiaque, le 2 février 1996. Il n'a pas eu le temps de préparer la liste de ses connaissances susceptibles d'adhérer au réseau *Culture et foi*. Je crois qu'il a été terrassé par le drame que vit l'Église catholique. Bernard Hubert avait la vocation d'être un Jacques Gaillot québécois. Mais il n'avait peut-être pas, dans son milieu, l'appui sur lequel l'évêque d'Évreux pouvait compter au sein de l'Église de France, beaucoup plus diversifiée que la nôtre. Ce qui ne diminue en rien le courage de cet autre pasteur exceptionnel, qui, lui, n'a pas été muselé.

* * *

À l'automne 1992, on annonce que Jacques Gaillot doit passer par Montréal, et le magazine *Présence* (qui a succédé à *Communauté chrétienne*) me propose de le rencontrer pour une entrevue. Je ne connaissais de l'évêque français

---

6. Au cours du repas, j'avais demandé à notre ami s'il connaissait des personnes, dans son diocèse ou ailleurs, susceptibles d'être intéressées à militer dans notre nouveau et frêle Réseau. C'est lui qui a offert de nous adresser une contribution. Je n'ai pas l'habitude de quêter chez les gens qui m'invitent à leur table !

d'Évreux que son nom et sa réputation de franc-tireur. Les commentaires de presse de l'époque me faisaient craindre qu'il ne fût un homme plutôt superficiel. Je ne me suis jamais tant trompé. Je passai un long moment avec cet évêque bien spécial. Une heure et demie d'entrevue, puis souper en sa compagnie avec quelques-uns de ses amis montréalais... En soirée, j'assistai à une conférence qu'il donnait à un auditoire de *l'Entraide missionnaire*. Quel homme pondéré, calme, d'un esprit clair, et comme il connaît bien le contenu de la Bonne Nouvelle rapportée dans les Évangiles! Ce qu'on lui reproche, c'est de dire clairement ce que cette Bonne Nouvelle implique dans le contexte culturel d'aujourd'hui. Je citerai quelques extraits de l'entrevue qu'il m'accorda à l'époque. On peut comprendre que ses propos ne plaisent pas à tout le monde, mais ils n'en font pas un hérétique ni un homme à museler pour autant.

> Le mouvement de restauration est puissant dans l'Église actuellement. Il tend vers les grandeurs passées et ne dédaigne pas de voir l'Église institution jouer un rôle important dans l'orientation du monde, notamment de l'Europe. Cette tendance est une régression par rapport aux positions du Concile Vatican II. [...] Mon objectif n'est pas de faire revenir les jeunes à l'église. Ce que je demande aux chrétiens, c'est de rejoindre les jeunes là où ils sont. Nous devons les écouter, apprendre à connaître leurs aspirations, cheminer avec eux et non pas essayer de les faire venir dans une institution qui ne leur paraît pas, pour le moment, pourvoyeuse

34

de sens. [...] Il y a des murs à faire tomber dans l'Église. Le centralisme y est exagéré. Les Églises locales et les conférences épiscopales méritent la confiance. Il faut accepter la liberté de débattre de toutes questions, faire confiance à la régulation de chacune des Églises. L'autoritarisme n'arrêtera pas la vitalité des communautés. [...] Les hommes et les femmes dans l'Église n'ont pas encore pris la mesure de leur responsabilité. Ce ne sont pas la discipline et le silence qui feront tenir debout le peuple de Dieu. La mise en place de procédures démocratiques, la liberté d'expression, la place des femmes changeront un jour le visage de l'Église.

Dans l'un de ses nombreux livres, Gaillot écrit :

L'arrivée de Vatican II était providentielle dans une société évoluant si vite depuis la fin de la guerre. Vatican II n'était qu'un point de départ. Dans l'esprit même des promoteurs, il s'agissait d'une mise en route, qui impliquait la réponse à d'autres questionnements. [...] Si la vocation de l'Église était d'être toujours en retard d'un concile sur son temps, ce serait terrible. Comment concevoir une Église qui ne soit pas prophétique, c'est-à-dire capable parfois de devancer son temps[7] ?

Devenu en 1995 évêque de Partenia, un diocèse d'Afrique disparu de la carte, Jacques Gaillot s'est immédiatement mis à la tâche de transformer sa « punition » en une communauté chrétienne sans frontière, par le recours à l'Internet. Le site de Partenia est vite devenu très recherché.

---

7. Jacques GAILLOT, *Le monde crie, l'Église murmure*, Paris, Syros Alternatives, 1991, p. 25.

35

Cinq ans après son « congédiement » du diocèse d'Évreux, Jacques Gaillot a reçu de l'Assemblée des évêques de France la reconnaissance du caractère particulier de son ministère. Dans une lettre que lui a adressée monsieur Louis-Marie Billé, président de la Conférence des évêques de France, celui-ci exprime sa « communion » avec son « frère de l'épiscopat ». Rendue publique le 10 mai 2000, la lettre affirme : « Il importe que les catholiques et, plus largement peut-être, l'opinion publique, sachent que la communion qui nous lie comme des frères est réelle, même si elle est vécue d'une façon particulière... » Cette missive est très différente du laconique « On lui avait bien dit », prononcé par le cardinal archevêque de Paris le 13 janvier 1995.

Dans sa réponse au message de ses collègues, Jacques Gaillot se réjouit « de voir les évêques de France accueillir des chemins nouveaux pour la mission, sans chercher à le mettre dans des cadres administratifs prévus. »

Un mot sur le diocèse de Partenia, avant que Jacques Gaillot le ressuscite. Car c'est vraiment ce qu'il a fait par la création de son site Internet, d'où je tire l'information suivante :

De ce diocèse, on ne sait pratiquement rien : ni de sa date de naissance, ni même de sa localisation exacte. Inutile de se rendre sur place aujourd'hui : il a disparu sous les sables. En 484, Hunéric, le roi des Vandales envahit le pays et convoque les évêques en son palais de Carthage. Rogatus, évêque de Partenia, sera persécuté et exilé. Comme Partenia n'existe plus, il devient le symbole de tous ceux qui, dans la société comme dans l'Église, ont le sentiment de ne plus exister. C'est un immense diocèse sans frontières où le soleil ne se couche jamais.

* * *

J'ai eu l'occasion d'assister, il y a quelque temps, à une cérémonie de prestation de la « Profession de foi » par un prêtre nouvellement nommé responsable de la communauté chrétienne où je participais à l'eucharistie dominicale. Le représentant de l'évêque présidait. Il avait annoncé, au moment de son homélie, que son confrère, beaucoup plus âgé que lui, allait lire le credo et y ajouter des paragraphes dictés par Rome. J'avais lu, dès 1989, la brochure du théologien André Naud sur ce rallongement du Credo à l'occasion d'une telle cérémonie, mais je n'en avais jamais été témoin. Quel spectacle désolant ! Le prêtre s'est approché lentement de l'ambon, a commencé à lire lentement le Credo. Il s'est arrêté là où se termine la version de Nicée Constantinople, puis a semblé vouloir se retirer. Très **ostensiblement, le représentant de l'évêque s'est approché, est venu mettre le doigt à l'endroit où le texte suivant était imprimé[8] :**

8. André Naud, *op. cit.*

Avec une foi inébranlable, je crois aussi à tout ce qui est contenu ou transmis dans la parole de Dieu et à tout ce qui est proposé par l'Église pour être cru comme divinement révélé, que ce soit par un jugement solennel ou par un magistère ordinaire et universel.

J'embrasse aussi fermement et retiens pour vrai tout ce qui concerne la doctrine de la foi ou la morale et est proposé par cette même doctrine de façon définitive.

Tout particulièrement, avec un respect religieux de la volonté et de l'intellect, j'adhère aux doctrines énoncées par le Pontife Romain ou par le Collège des évêques lorsqu'ils exercent le magistère authentique, même s'ils n'entendent pas les proclamer par un acte définitif.

Le prêtre a été forcé de lire ce texte. Et il a dû signer le document devant tous les paroissiens, suivi en cela par les deux agentes de pastorale de la communauté!

Est-ce à dire que la foi chrétienne doit changer avec chaque nouveau pape? Si l'imposition d'une telle profession de foi n'est pas un abus d'autorité, les mots n'ont plus leur sens habituel. De grands théologiens ont déjà fait une critique sévère de cette pratique.

Pour ma part, j'ai été frappé par la mention, au troisième paragraphe du texte, de la référence au fait que la profession de foi ainsi exigée concerne les « doctrines énoncées par le Pontife romain ou par le Collège des Évêques ». J'aimerais bien qu'on nous fournisse une liste des doctrines « énoncées par le Collège des Évêques » depuis 1978! Pour la bonne raison que vous n'avez pas été autorisés, encore moins invités, à en proclamer de quelque nature que ce soit. Votre rôle, contrairement à l'esprit du Concile Vatican II, a consisté à transmettre à votre clergé et à vos fidèles les doctrines en provenance du Vatican.

Plusieurs d'entre celles-ci portent sur des sujets qu'un théologien réputé pour sa rigueur intellectuelle et ses connaissances approfondies en matière de théologie morale a classés à l'enseigne d'un *Magistère incertain*[9], ainsi qu'il le dit dans l'extrait suivant:

> Il importe de formuler la compétence du Magistère dans cette matière (l'interprétation de la loi naturelle) de manière à respecter et à rappeler le fait que celui-ci ne peut trancher d'une manière «définitive». Il s'agit donc essentiellement d'une compétence du provisoire, ce qui n'est aucunement la déprécier, mais simplement une exigence de sa nature et de son objet. Ce qui veut dire que cette compétence doit être conçue d'une manière qui respecte parfaitement la possibilité et la légitimité d'une évolution ou d'un développement non homogène de la pensée morale de l'Église quand elle se fait l'interprète de la loi naturelle. Une compétence de cette sorte reconnaît sans ambages qu'elle peut se tromper, qu'elle s'est déjà trompée, qu'elle a déjà trompé. Est-il nécessaire d'évoquer ici la question de l'esclavage, où l'évolution de la pensée chrétienne est évidente; celle de la mise à mort des hérétiques, dont le pape Léon X défendait la légitimité contre Luther, celle de l'évolution de la pensée de l'Église concernant la légitimité de l'acte conjugal

9. André NAUD, *Le magistère incertain*, Montréal, Fides, 1987, p. 101.

quand la procréation est impossible, les nombreux péchés conçus comme graves, puis légers, et vice-versa.

L'opinion commune du peuple des croyants, que le Concile Vatican II a baptisé « sensus fidelium », confirme très clairement cette analyse d'André Naud, qui, comme vous le savez, a été de l'équipe des théologiens à ce Concile.

* * *

Notre Église a perdu sa crédibilité auprès de la majorité des baptisés. Vous l'avez dit vous-même, Monsieur le cardinal Turcotte. Elle aurait beaucoup de peine à survivre, du moins en milieu scolarisé et démocratique, au type d'autorité qu'exercent le pape Jean-Paul II et la Curie romaine. On a beau avoir la foi, l'Esprit Saint ne nous dispense pas du discernement ! Jésus a refusé d'être couronné roi et a parlé à cœur ouvert, même au temple et devant le sanhédrin !

Vous avez dû vous réjouir, Messieurs les évêques, de ce qu'à l'occasion du récent Consistoire, plusieurs cardinaux aient exprimé leurs attentes quant à une révision prochaine des relations entre les évêques du monde entier et celui de Rome. On a mentionné le besoin de collégialité, de décentralisation de la responsabilité... des changements qui avaient été amorcés lors du Concile Vatican II. Des objectifs fondamentaux, urgents, qui pourraient être gravement compromis par une décision, celle que prendront les cardinaux lors du choix d'un successeur au pape actuel. Mais aussi, par l'absence de débat au cœur de l'Église, c'est-à-dire dans vos diocèses, sur des questions aussi vitales que celles-là.

Si ce que l'un d'entre vous m'a dit être « une fin de règne » devait être suivie de la continuation d'un règne qui a déjà duré plus de vingt ans, les historiens de l'Église pourraient juger sévèrement un tel silence !

* * *

Rembert Weakland, le brillant archevêque de Milwaukee, réclame avec éloquence, courage et profondeur de pensée que l'Église reprenne l'orientation tracée par le Concile. Il décrit cette fidélité comme une exigence de la véritable catholicité, une catholicité encore mal assumée, selon lui. Notre Église, souligne-t-il, n'est plus seulement celle de la civilisation occidentale traditionnelle, mais celle des continents africain, asiatique et américain :

> Les défis majeurs de notre époque seront de discerner les moyens de sauvegarder le pluralisme culturel, de trouver comment chaque culture pourra exprimer la foi d'une façon valable et comment ces expressions diverses pourront se soutenir mutuellement et, enfin, comment nous pourrons maintenir les liens de l'unité de la foi et de l'amour, si importants parmi les disciples du Christ[10].

10. Rembert G. WEAKLAND, *Faith and the Human Entreprise. A post Vatican II vision*, New York, Orbis Books, Maraknoll, 1992, p. 141.

Ces quelques lignes sont si denses et si riches de sens qu'elles pourraient constituer le plan d'action du prochain pape et l'agenda d'un futur concile. Je n'oublierai jamais l'heure consacrée à recueillir les réponses instantanées de cet homme de Dieu à des questions que j'avais longuement mûries. C'était le 15 octobre 1993. Je m'étais rendu à Milwaukee pour y rencontrer ce moine bénédictin appelé à l'épiscopat en 1967 par le pape Paul VI. Il avait auparavant séjourné dix ans à Rome en qualité de maître général des bénédictins. Vêtu en clergyman, il m'accueillit avec une grande simplicité. Trente secondes après une poignée de mains chaleureuse, je mettais en marche mon petit magnétophone, et, pendant une heure, comme convenu, cet évêque bien spécial a répondu à toutes les « colles » d'un laïc québécois, inquiet de l'orientation pastorale en provenance de Rome. Notre rencontre a eu lieu dix jours après la publication de l'encyclique *Veritatis splendor* ! J'ai déjà rapporté, verbatim, le contenu de notre conversation[11].

Puisque le Christ lui-même nous a parlé en parabole, je me permettrai d'avoir recours ici à une image bien connue : l'Église est dans la position où se trouvait le Titanic face à la banquise. Il faut prier, certes, mais aussi agir. La banquise est bien réelle, elle est constituée des valeurs authentiques de la modernité et des diversités culturelles

---

11. Jean-Paul LEFEBVRE, *En quoi l'Église doit-elle changer ?*, Montréal, Fides, 1994, p. 189-203.

des peuples de la terre en ce début de millénaire. Le risque d'impact vient de l'attachement du Vatican à des coutumes qui ne relèvent pas de la foi révélée, mais de simples traditions ecclésiastiques. Il est urgent de modifier l'orientation du navire Église ! Je crois que les défis soulevés par le témoignage de Rembert Weakland exigent un engagement de la part de tous les baptisés conscients de la situation périlleuse où nous nous trouvons. Vous me permettrez de dire, avec beaucoup de respect, que vous occupez un rang de capitaine sur ce que j'ai appelé le navire Église. Bien peu de laïcs vont se sentir responsables si vous ne sonnez pas l'alerte. Comme je l'ai mentionné plus haut, la plupart des baptisés, malheureusement, croient encore que l'Église, c'est surtout et d'abord le pape et les évêques ! Ils se perçoivent comme des consommateurs de services religieux.

*   *   *

J'en étais ici dans la compilation de mes souvenirs sur la situation dramatique de l'Église lorsque deux événements sont venus titiller mes synapses, stimulant à la fois ma mémoire et mon imagination.

La scène se passe dans les airs, à bord de l'avion qui nous ramène à Montréal, ma femme et moi, après un bref séjour en Californie, où nous avons visité notre fils Martin et sa belle petite famille. Six heures de vol. Marie a choisi la lecture et la musique. J'ai opté pour la musique tout court, une fois passée la période du journal et du repas. Sachant que je connais bien l'auteure, ma femme me passe tout de même un texte de la théologienne Élizabeth Lacelle sur les perspectives féministes en théologie. Cette brillante revue historique et prospective de la pensée féministe en matière religieuse me rappelle deux expériences.

Au printemps 1993, j'ai la surprise d'être invité par l'Entraide missionnaire à me faire, pour cinq jours, animateur d'une retraite auprès d'hommes et de femmes, clercs ou laïques, engagés dans l'action missionnaire de l'Église. Je commence d'abord par décliner l'honneur. Comme mon interlocutrice insiste, j'accepte de la rencontrer pour en discuter. Et je lui apporte le plan préliminaire de mon prochain bouquin[12]. La responsable de la retraite se dit d'avis que ce programme conviendra aux personnes concernées. Il ne me reste plus qu'à me mettre au travail. Je révise donc mon échéancier afin que mes notes, sur les cinq thèmes retenus, soient prêtes pour la première semaine du mois d'août.

Le 31 juillet, je m'amène à la maison de repos des jésuites, dans les Laurentides, avec mes papiers. J'ai cru bon d'apporter aussi les quelque vingt-cinq bouquins qui ont nourri ma réflexion au cours de l'année précédente et de les étaler dans la salle de réunion. Je suis habité par ma candeur habituelle devant les expériences nouvelles.

12. *Ibidem.*

Ma femme m'accompagne, comme elle le fait souvent depuis que j'ai cessé de travailler ! Le décor est magnifique, l'accueil, chaleureux. Le thème qui coiffe cette semaine de réflexion : « Les grands défis de l'Église dans le monde d'aujourd'hui ».

Le programme prévoit une séance plénière par jour, dont je dois assumer l'exposé initial pour animer ensuite les échanges en découlant. Les participants, en majorité des religieuses, ont du travail à faire : réflexions personnelles, discussions en petits groupes, préparation des liturgies... Il importe de noter que toutes ces personnes, laïques ou religieuses, ont plusieurs années d'expérience pastorale, en terrain de mission ou au Québec. En pays de mission, plusieurs ont vécu la théologie de la libération et les tensions avec les autorités ecclésiastiques provoquées par cette approche contextuelle de la théologie.

Je savais cela. Il eût été stupide de ma part de prétendre « prêcher » à un groupe comme celui-là. Mon mandat était de leur offrir ma vision des problèmes d'inculturation de la foi, à partir des expériences que j'avais vécues, mon parcours étant très différent du leur : syndicalisme, journalisme, action politique, administration publique...

Les deux premiers jours, les choses se passent comme prévu. Le troisième jour survient une surprise. En forme de rébellion !

À la demande de quelques participantes, je suis invité à ne pas me présenter à l'heure convenue pour mon prochain

exposé. Le groupe aimerait discuter de la marche de la
« retraite ». On me préviendra quand les échanges seront
terminés. Après un certain temps, qui me paraît long, on
m'invite à me rendre à la salle de réunion. L'une des participantes me reproche de ne pas m'être suffisamment inspiré de la pensée de théologiennes féministes (de fait, je n'ai
qu'un livre d'une théologienne, mais son titre et la thèse
qu'il coiffe sont assez révélateurs. Il s'agit de *Des eunuques
pour le royaume des cieux*, de Uta Ranke-Heinemann !)

On me laisse libre, après m'avoir fait connaître ce grief,
de décider ce que je veux faire, continuer ou partir. Je
réponds que je vais d'abord consulter la responsable de
l'organisation, qui m'a invité. Celle-ci m'encourageant à
poursuivre, c'est ce que je fais. L'une des participantes
décide de quitter, sa compagne me dit qu'elle va la recon-
duire à Montréal.

L'atmosphère devient plus détendue. Jusqu'au dernier
jour, où il faut préparer une célébration de l'Eucharistie.
Cinq personnes ont été désignées pour ce travail : trois
femmes, le prêtre qui doit présider à la cérémonie, et moi-
même. Les trois femmes se mettent au travail avec un
enthousiasme un peu crispé. Elles conviennent rapidement
de la décoration de la salle et de l'autel, de la musique, des
chants, des lectures… comme si le prêtre et moi n'étions

---

13. Uta Ranke-Heinemann, *Des eunuques pour le royaume des cieux*,
Paris, Robert Laffont, 1990.

pas là. Personnellement, je n'ai aucune envie de réclamer quoi que ce soit. Mais leur collègue « retraitant » devient visiblement impatient. Il fait un geste pour demander la parole et dit, sur un ton un peu sec : « Et moi, qu'est-ce que je fais là-dedans ? » Il se fait répondre sur le même ton : « Tu feras ce qu'on te dira ! » Une autre crise semble probable. L'une des femmes lui demande s'il est d'accord avec ce qui a été dit jusqu'à maintenant. Il a le bon sens de dire « oui », et les trois partent à la hâte exécuter le plan qu'elles ont élaboré. Quelques heures plus tard, la célébration commence, non pas dans la chapelle, jugée trop « froide » par nos trois collègues, mais dans la salle où nous tenons nos réunions, afin que la prière soit reliée de plus près à la réflexion des cinq derniers jours. Le résultat est étonnant. Les femmes ont placé, sur l'autel et dans la salle, des fleurs et des fruits symbolisant les échanges qui ont eu lieu et les textes qui seront lus durant la célébration. J'ai oublié les détails, mais je conserve le souvenir d'une réalisation très « songée », pleine de sincérité et de bon goût.

Ces trois femmes avaient déjà leur plan en tête et en marche lorsque nous nous sommes rencontrés. Plusieurs participants se partagèrent les lectures, les chants avaient été très judicieusement choisis, et leur exécution était vivante, émouvante même. Le célébrant joua son rôle avec empressement et sérénité. Vers la fin, au moment du souhait de la paix, toutes les personnes présentes, disposées en cercle autour de l'autel, furent invitées à dire, en une ou deux minutes, ce qu'elles retenaient de leur expérience de la semaine. Quand vint mon tour, je fis part du fait que le groupe me semblait divisé entre deux objectifs également valables. Certains voulaient faire église tout de suite et maintenant avec les chrétiens de leur milieu immédiat, sans se soucier beaucoup du sort de la grande Église, sur lequel ils avaient peut-être de forts doutes. Les autres, dont j'étais, voulaient accorder une importance au moins égale à l'avenir de l'Église universelle, sans laquelle les petites communautés pourraient difficilement survivre.

Avec le recul, je comprends de mieux en mieux la réaction des femmes qui avaient opté pour la «petite Église».

La souffrance, l'humiliation et la colère accumulées par les femmes, religieuses et laïques, qui militent encore dans l'Église catholique, représentent une énergie énorme. Je dirais qu'elles sont les principaux piliers du temple. Il ne faudrait pas qu'on les néglige trop longtemps. Personne ne souhaite un nouveau schisme. Le scandale de la division des chrétiens est déjà trop lourd à porter. Depuis que les principales confessions se sont entendues sur un texte commun pour l'Ancien et le Nouveau Testament, on se demande ce qui peut bien empêcher la prière commune?

En terre de liberté, il n'y a pas d'avenir possible pour notre Église en l'absence d'une réforme des structures pastorales et des ministères ordonnés qui feraient aux femmes toute la place qui leur revient de droit. Je ne peux jeter la pierre à personne, car mes convictions en cette matière ne me sont venues qu'avec la barbe grise (que j'ai d'ailleurs eu la vanité de couper lorsqu'elle a tourné au blanc).

* * *

Un autre événement qui a affermi ma détermination à ne pas baisser les bras sur la place revenant aux femmes dans l'Église, fut la célébration, le dimanche 15 août 1999, des cinquante ans de présence, en terre québécoise, des Sœurs auxiliatrices. Ce matin-là, la chapelle des Dominicains, chemin de la Côte Sainte-Catherine à Montréal, accueillait une communauté de croyants plus nombreuse et dont la moyenne d'âge était plus basse que d'habitude. Les parents des Auxiliatrices et leurs familles s'étaient joints à ces dernières et aux membres de la Communauté chrétienne Saint-Albert-le-Grand. Mais il y avait aussi de la visite des quatre coins du globe, les Auxiliatrices étant à l'œuvre dans vingt-six pays, sur quatre continents. La plupart de ces pays étaient représentés ce matin-là. La prière universelle a été formulée, tour à tour, en français, en anglais, en japonais, en espagnol, en italien et en kinyarwanda. Le célébrant, le dominicain Jacques Tellier, avait à ses côtés un pasteur de l'Église Unie, collaborateur de vieille date des Auxiliatrices, et trois religieuses. L'homélie, mémorable, fut prononcée par une théologienne brésilienne, Ivone Gebara, sœur de Notre-Dame.

À la fois œcuménique et internationale, certainement féministe, mais dépourvue de toute hostilité, cette célébration était exceptionnelle. Elle symbolisait une véritable union des chrétiens, à travers le monde, dans une prière commune.

*   *   *

Dans le rapport de l'Assemblée des évêques du Québec au Vatican, lors de votre visite *Ad Limina* de 1993, vous aviez mentionné votre « inconfort » face au fait d'avoir à vivre une double solidarité, d'une part avec le pape (vous aviez dit « avec l'Église universelle ! ») et, d'autre part, avec une culture où existe le respect des droits de la personne et l'égalité des hommes et des femmes. Le temps ne serait-il pas venu de vous libérer de cet inconfort qui vous pèse et étouffe l'Église ?

Sans ce que certains osent appeler une « re-fondation » de l'Église, que restera-t-il de la plupart de vos diocèses dans vingt-cinq ans ?

*   *   *

La question du partage de la responsabilité et de l'autorité dans l'Église catholique est vitale pour l'avenir du christianisme dans le monde. De plus savants que moi l'écrivent depuis bien des années ; Jean Delumeau l'a fait dès

1977[14]. Ce qui démontre que l'on ne saurait attribuer au pape actuel toute la responsabilité des misères de l'Église.

* * *

Venant d'atteindre l'âge où les évêques sont tenus de remettre leur démission, je sens une certaine urgence à vous communiquer mon souci pour le proche et le lointain avenir. Mais voici d'abord le témoignage de l'un de vos confrères dans l'épiscopat sur les défis de l'inculturation de la foi.

Dom Samuel Ruiz Garcia, le célèbre pasteur des indiens du Chiapas, a prononcé une conférence le 7 novembre 1999 à Milwaukee, USA. Ses premières paroles se lisent comme suit :

> Quelqu'un m'a dit, un jour, qu'il valait toujours mieux parler à partir de son expérience personnelle. Or, j'ai découvert au fil des années que Dieu se révèle à nous justement au cœur de notre histoire personnelle. Alors que je vous adresse la parole, je rends donc grâce à Dieu pour les choses merveilleuses qu'il accomplit au milieu de nous.

L'objet de la conférence de celui qui a déclaré être devenu « un prophète malgré lui » était de raconter comment, en prévision de la grande conférence des évêques

---

14. Jean Delumeau, *Le christianisme doit-il mourir?*, Paris, Hachette, 1977.

latino-américains tenue à Medellin en 1968, on lui avait demandé de faire un exposé sur l'évangélisation, alors qu'il se sentait peu préparé à traiter d'un tel sujet. Il raconte d'abord comment, à l'occasion d'une rencontre préalable des évêques de Colombie à laquelle il avait participé, il s'était demandé :

> …pourquoi Dieu a-t-il permis l'existence de tant de cultures diverses ? L'aurait-il fait pour que, plus tard, les missionnaires s'amusent à les détruire ? Dois-je d'abord étudier la culture des gens et attendre le moment opportun pour les évangéliser ? Et si la destinée des hommes et des femmes n'est pas sur cette terre mais dans l'au-delà, pourquoi travailler si fort pour détruire les cultures dans le but de n'en avoir qu'une seule ? Pourquoi Dieu a-t-il voulu que Jésus naisse dans une culture particulière et à un moment précis dans le temps ?

Et le pasteur de poursuivre :

> Gustavo Gutierrez nous fit une présentation du document de Vatican II sur l'activité missionnaire de l'Église. J'étais présent aux quatre sessions de Vatican II et je connaissais assez bien ce document. Mais voilà que, grâce à Gutierrez, j'ai commencé à comprendre son sens profond. Dieu aime tous les êtres humains, dit-il, et il se révèle à tous les groupes ethniques et culturels du monde. L'action salvatrice est donc présente dans toutes les cultures. Avant que le missionnaire arrive pour annoncer le Christ, l'action salvatrice et la révélation de Dieu sont déjà présentes dans ce milieu. […] Nous savons bien maintenant que Christophe Colomb n'a pas amené Dieu à bord de ses bateaux.

Puis, Dom Samuel Ruiz Garcia raconte avec beaucoup d'humour et de modestie comment, le temps venu de donner son exposé à Medellin, il a copié de longs textes tirés de bouquins consultés à la dernière minute et même reproduit les idées que le président de la conférence lui a suggérées le matin même! Il ne faut pas le croire sur ce point, car une fois retourné chez lui, il écrivait:

Alors, nous nous sommes posé une question de fond: si la religion est plus que la morale et plus que les dogmes qu'il faut croire, si la religion est l'histoire du salut, comment construire une Église chez un peuple qui n'a pas d'histoire?

C'est à ce moment précis que la Providence est venue à notre aide. Une réunion de tous les diocèses du Mexique se tenait au Chiapas. La présentation des résultats d'une recherche sociologique nous a amenés à une découverte extraordinaire. Dans le secteur Tzeltal du Chiapas, la population de la région urbaine était en décroissance alors que celle des villages croissait. Ce phénomène était contraire à tout ce qui se passait partout ailleurs en Amérique latine. Au début, nous croyions qu'il s'agissait d'une erreur de statistiques, mais, après étude, on a vu que c'était bien la vérité. Effectivement, les indigènes quittaient la ville pour se réfugier dans la jungle. Lorsqu'on leur a demandé pourquoi ils faisaient cela, on a découvert une histoire cachée qui avait été longtemps refoulée. [...]

À partir de ce moment, tout a changé. Alors qu'avant, les catéchistes faisaient volontiers état des cours qu'ils avaient suivis pour devenir catéchistes et qu'ils se présentaient dans les villages pour enseigner des choses que les gens ignoraient, maintenant, ils visiteraient les villages avec, pour seul outil, un petit carnet de notes et ne posant que trois petites questions portant sur l'Évangile du dimanche; ils cueilleraient la moisson de ce que la communauté avait à dire[15].

Le cœur du propos de Dom Samuel Ruiz Garcia, dans cette conférence à Milwaukee, était qu'il fallait chercher et trouver Dieu dans la culture de chaque peuple. Et je me permets de prolonger sa pensée en avançant que le même principe s'applique aux cultures de chaque époque de l'aventure humaine. À la modernité des sociétés occidentales, par exemple! Si Dom Ruiz voit Dieu dans les plus pauvres et les plus démunis des indiens du Mexique, nous devrions pouvoir le trouver dans les femmes et les hommes du Québec d'aujourd'hui. Dieu ne s'exprime pas uniquement par l'entremise de l'Église. S'il en était autrement, il aurait négligé de parler aux peuples de Chine et de l'Inde? Et il aurait renoncé à se révéler à des générations de jeunes Québécois qui ne sont ni baptisés, ni encore moins, évangélisés? Je crois, avec Jacques Gaillot, qu'il faut écouter les jeunes, sans chercher à les «ramener à l'église d'aujourd'hui». Ils pourraient nous aider à «re-fonder» l'Église. Mais il faudra d'abord que l'Église actuelle écoute, observe, évalue. Qu'elle dépouille son message de tout ce qui n'est pas au cœur de l'évangile et qu'elle accueille les

15. Ces extraits sont tirés d'un texte disponible sur le site Internet de *Culture et foi*, à l'adresse suivante: <www.culture-et-foi.f2s.com>.

valeurs fondamentales de la culture moderne. Les droits de la personne et, particulièrement, l'égalité des sexes, dont vous parliez avec raison dans votre rapport de 1993 au Vatican, ne sont pas négociables. Sur ces questions, c'est la culture civile qui doit gagner, la culture ecclésiastique devant, elle, s'adapter. J'écris culture « ecclésiastique », et non ecclésiale, car le « sensus fidelium » est déjà en harmonie avec l'ensemble de la société occidentale sur ces deux points.

*   *   *

Quelle image du Christ donnons-nous aux multiples couples chrétiens à qui le magistère de l'Église dit qu'ils ne peuvent se fier à leur conscience pour planifier leur famille ? De nombreuses déclarations répètent, année après année, que les couples n'ont pas le droit moral de contourner les automatismes de la nature dans les manifestations de leur amour. Ce type d'argumentation rappelle celle des Témoins de Jéhovah qui s'opposent, pour la même raison, aux transfusions de sang ! C'est un point de vue rejeté par l'immense majorité des baptisés.

L'encyclique *Humanæ Vitæ* sera jugée, par les historiens de l'Église, comme « la » grande erreur de Paul VI, qui fut par ailleurs un grand pape. Sa décision de rejeter l'avis, très largement majoritaire, d'une Commission d'étude qu'il avait lui-même nommée, à savoir que : « Dans un couple, les actes féconds et les actes inféconds forment un tout», n'a en effet pas été reçue par le Peuple de Dieu. Non seulement les couples se sont rebellés, mais les clercs et même un bon nombre d'évêques leur ont donné raison. Cette décision a fait plus de mal à l'Église que la condamnation de Galilée, laquelle n'a pas empêché la terre de tourner autour du soleil, tandis que l'encyclique *Humanæ Vitæ* a semé le doute et la panique dans des millions de foyers.

Quelle image du Christ donnons-nous aux milliers de couples qui ont connu un échec de leur premier mariage? Aucun conjoint déçu n'a de vocation au célibat. Chacun cherche à donner une deuxième chance à l'amour.

Comment, à moins d'être prisonnier de la casuistique et du légalisme dans lesquels le magistère s'est cantonné, peut-on souscrire au jugement suivant:

> L'Église cependant réaffirme sa discipline, fondée sur l'Écriture sainte, selon laquelle elle ne peut admettre à la communion eucharistique les divorcés remariés. Ils se sont rendus eux-mêmes incapables d'y être admis, car leur état et leur condition de vie sont en contradiction objective avec la communion d'amour entre le Christ et l'Église, telle qu'elle s'exprime et est rendue présente dans l'Eucharistie… (Exhortation apostolique *Familiaris consortio*. para. 84)

Les membres d'un couple de la deuxième chance, s'ils ont des enfants ensemble, pourraient recevoir l'eucharistie, à la condition qu'ils vivent comme frère et sœur! Peut-on être aussi éloigné des réalités de la vie, la vraie vie, qu'elle soit chrétienne ou non ? Le bien des enfants exige que leurs parents soient amoureux, qu'ils s'aiment de tout leur corps et de toute leur âme, c'est là un élément très important de leur développement affectif.

Peut-on imaginer Celui qui a évité la lapidation à la femme adultère punissant, pour le reste de ses jours, une personne qui a eu le malheur de connaître l'échec d'un premier mariage ?

Le signataire de « l'exhortation » citée plus haut a perdu sa mère à l'âge de huit ans. Il n'a donc pas eu l'occasion d'apprécier le rôle joué par l'amour des parents dans l'éducation des enfants. D'ailleurs, cela ne saurait justifier l'imposition à l'Église universelle d'une norme aussi injuste. J'espère vivre assez vieux pour voir l'Église confier le soin de cette partie de la théologie morale à des théologiens mariés, hommes ou femmes ! Entre temps, il faut souhaiter que le Collège épiscopal ne tarde pas à corriger une situation que plusieurs évêques, particulièrement en Allemagne, ont contestée publiquement dans un échange de correspondance avec le Vatican. Plusieurs d'entre vous l'avez fait, plus discrètement !

Quelle image du Christ donnons-nous aux centaines de milliers de jeunes qui cherchent à comprendre le rôle de l'amour humain dans leur vie et doivent choisir entre une morale désincarnée, donc dépourvue de crédibilité, et l'hédonisme débridé que leur proposent trop souvent la télévision, le cinéma ou le réseau Internet ?

Quelle image du Christ donnons-nous aux milliers de catholiques privés des services d'un prêtre ou desservis par un nouvel arrivant en provenance de Pologne, du Zaïre ou du Vietnam parce que Rome refuse d'ordonner à la prêtrise de jeunes hommes mariés, déjà enracinés dans notre milieu et parfaitement préparés pour ce ministère, quelle que soit par ailleurs leur origine ethnique?

Quelle image du Christ donnons-nous à tous ceux et celles qui, bien que n'ayant pas à souffrir personnellement des divers manques de compassion mentionnés ici, acceptent difficilement une Église si éloignée de la vie des gens et des valeurs authentiques du monde moderne? Et tout aussi loin de ce que beaucoup de théologiens et de chrétiens avertis perçoivent comme les valeurs de compassion, de justice et de liberté au cœur de l'Évangile?

Quelle image du Christ donnons-nous aux femmes, en grande majorité tant dans les communautés catholiques que parmi les personnes engagées dans les activités pastorales? Rome leur refuse non seulement l'accès aux ministères ordonnés, mais même la permission de discuter de cette éventualité!

L'une des plus importantes transformations sociales du dernier siècle a été l'acceptation, dans presque tous les milieux en Occident, de l'égalité de l'homme et de la femme. Cette réalité fait maintenant partie des droits de la personne et s'applique dans un grand nombre de milieux, y compris à l'intérieur des couples, à compter de la génération des *baby-boomers*.

Mais l'avènement des « nouvelles femmes » n'a pas entraîné la transformation automatique des hommes, ni dans les couples, ni dans les affaires, ni en politique... Et encore moins dans l'Église catholique. Dieu n'a rien à voir là-dedans. Pourquoi la plupart des confessions protestantes ont-elles accepté l'ordination des femmes, alors que Rome interdit même d'en discuter ? Pas parce que nous sommes meilleurs chrétiens que les autres. C'est que notre Église est dirigée de façon beaucoup plus autoritaire. Que le pouvoir y est très centralisé. En dépit des nombreux voyages du pape, la Cité du Vatican demeure une île, isolée de tous les continents, dont le mode d'isolement est d'ailleurs particulier. Elle diffuse « sa » vérité sur toute la planète, mais n'est pas à l'écoute de l'Esprit qui parle, aussi, par la bouche des évêques du monde entier et de tous les humains de bonne volonté.

* * *

Ce n'est par hasard que des cris d'alarme n'ont cessé de s'élever dans toutes les parties du globe. En voici quelques-uns :

– Dès 1977, grand historien et grand croyant, Jean Delumeau posait la question : « Le christianisme va-t-il mourir ? » Plus récemment, à la télévision de Radio-Canada, il s'est dit d'avis que l'Église catholique évoluait vers le type d'autorité qui caractérise les sectes !

– Les propositions de Bernard Hubert au Synode de 1985 étaient formulées en termes très diplomatiques, mais en disaient long sur l'urgence d'un retour à l'esprit de Vatican II.

– En 1986, Rembert Weakland, archevêque de Milwaukee, dans un livre remarquable[16] où sont colligées ses principales interventions pastorales de la décennie précédente, a rappelé les courageuses propositions de votre ancien collègue, Bernard Hubert, au Synode de 1985 et a aussi mis en évidence la constitution *Lumen gentium* du Concile Vatican II en soulignant le passage suivant :

> Le Peuple saint de Dieu a part également à la fonction prophétique du Christ, en rendant un vibrant témoignage à son endroit, avant tout par une vie de foi et de charité et en offrant à Dieu un sacrifice de louange, c'est-à-dire le fruit de lèvres qui confessent son nom (cf. Hébr. 13, 15). L'ensemble des fidèles qui ont reçu l'onction du Saint (cf. Jean 2, 20 et 27) ne peuvent pas errer dans la foi, et ils manifestent cette prérogative au moyen du sens surnaturel de la foi commun à tout le peuple, lorsque, « depuis les évêques jusqu'au dernier des fidèles laïcs » ils font entendre leur accord universel dans les domaines de la foi et de la morale… (par. 12)

16. Rembert G. WEAKLAND, *op. cit.*

– En 1988, notre compatriote, le théologien André Naud, publie *Le Magistère incertain* et, en 1989, *Devant la nouvelle profession de foi et le serment de fidélité*.

– En 1992, Henri Guillemin écrit *Malheureuse Église*.

– En 1993, j'avais posé à quatre évêques la question suivante : « Si le pape Jean-Paul II, décidant de prendre des vacances, vous donnait pleine autorité pour engager l'Église dans trois activités que vous jugez prioritaires, quel serait votre choix ? »

Voici les deux premiers choix de monsieur Charles Valois, alors évêque de Saint-Jérôme :

Le premier changement qui me vient à l'esprit serait la reconnaissance de nouveaux ministères, en plus du ministère presbytéral. Pas nécessairement des ministères très spécialisés : lectorat, catéchèse, etc. Je voudrais que l'on reconnaisse que les laïcs, hommes et femmes, ont des charismes et que, s'ils mettent ces charismes au service de l'Église, ils deviennent des ministres dans la communauté, participant réellement à l'action pastorale de l'Église. Les laïcs aujourd'hui sont de plus en plus nombreux à posséder une formation en théologie qui leur permettrait de jouer un tel rôle. Cela n'enlève rien à l'action des chrétiens dans la société séculière. C'est d'ailleurs là que tous les baptisés, quel que soit leur statut, ont d'abord à s'engager au nom de leur foi.

Le deuxième changement que j'entreprendrais serait d'amorcer une étude sur les voies d'accès au sacerdoce. Actuellement, le presbytérat n'est accessible qu'aux hommes, célibataires ou veufs.

Il convient de rappeler ici la présence essentielle du prêtre dans la vie de l'Église. On ne saurait envisager une Église sans prêtres. Au sein des communautés chrétiennes, le rôle du prêtre est irremplaçable. C'est en reconnaissant l'importance du ministère presbytéral que je souhaite qu'on en élargisse l'accessibilité afin d'assurer à toutes les communautés les services essentiels à leur vitalité. Le célibat est une valeur évangélique à promouvoir. Mais est-elle essentielle à l'exercice du ministère presbytéral? On devrait aussi étudier la possibilité que les femmes aient accès au sacerdoce. Il faudrait évaluer les dimensions théologiques et sociologiques de la question. Ma conviction, c'est que les voies d'accès au sacerdoce vont changer graduellement. Pour l'ordination des hommes mariés, cela va se décider à la suite d'un synode des évêques. Quant à l'ordination des femmes, je crois qu'il faudra attendre un concile qui permettrait de faire un débat de fond sur tous les aspects de la question.

– En 1998, le cardinal König, archevêque émérite de Vienne, publie, dans un document de la Conférence des évêques d'Autriche, à l'occasion du 150ᵉ anniversaire de cette dernière, un texte magistral. Dans sa conclusion, il déclare:

Ce qui compte aujourd'hui, c'est de considérer la tâche de l'évêque de Rome en liaison avec le partage collégial du souci et de la responsabilité de l'Église universelle, assumé par les évêques, au sens où l'entend le Concile; mais ce n'est pas tout: il s'agit, au seuil du nouveau millénaire, d'en tirer dans la pratique les conséquences nécessaires.

De telles réflexions ne modifient en rien la structure de l'Église elle-même, mais incitent au retour à une forme décentralisée du gouvernement ecclésial suprême qui existait dans les siècles passés, et cela me semble être – eu égard à l'Église universelle – le mot d'ordre de notre époque...[17]

– En octobre 1999, le cardinal Martini a déclaré, devant les évêques d'Europe réunis en synode, qu'il serait bon :

de répéter, de temps en temps, au cours du siècle qui s'ouvre, une expérience de confrontation universelle entre évêques, expérience susceptible de dénouer certains nœuds disciplinaires et doctrinaux qui n'ont peut-être été que peu évoqués ces jours-ci, mais qui réapparaissent périodiquement comme des points brûlants sur le chemin de l'Église européenne, mais non seulement européenne. Je pense de façon générale aux approfondissements et aux développements de l'ecclésiologie de communion de Vatican II. Je pense au manque déjà dramatique en certains lieux de ministres ordonnés et à la difficulté croissante d'un évêque pour pourvoir au soin des âmes sur son territoire, vu l'insuffisance de ministres de l'Évangile et de l'Eucharistie. Je pense à certains thèmes concernant la place de la femme dans la société et dans l'Église, à la participation des laïcs à certaines responsabilités ministérielles, à la sexualité, aux relations avec les Églises orthodoxes et, de façon générale, au besoin de raviver l'espérance œcuménique...

Certains de ces nœuds nécessitent probablement un instrument collégial plus universel et plus autorisé où il serait

---

17. Texte reproduit en entier à l'adresse suivante : <www.synodeparvis. com>.

possible de s'affronter en toute liberté dans le plein exercice de la collégialité épiscopale, dans l'écoute du Saint-Esprit et en veillant au bien commun de l'humanité entière.

Nous sommes conduits à nous demander si, quarante ans après la convocation de Vatican II, dans une Église désormais toujours plus diversifiée, on ne voit pas mûrir l'idée de l'utilité et pour ainsi dire de la nécessité, au cours de la décennie à venir, d'une confrontation collégiale et autorisée entre tous les évêques, sur des thèmes clés qui se sont posés au cours de ces quarante années. On a de plus le sentiment qu'il serait bon et utile pour les évêques d'aujourd'hui et de demain de répéter l'expérience de communion, de collégialité et d'Esprit-Saint qu'ont fait leurs prédécesseurs de Vatican II, expérience dont seuls quelques rares témoins gardent la mémoire vivante[18].

∗   ∗   ∗

J'invoquerai une dernière exhortation, de saint Paul celle-là. L'apôtre des gentils a été le premier à poser le problème de l'inculturation de la foi! Après un échange historique avec Pierre, il a ouvert les portes de l'Église primitive aux non-Juifs, en les libérant des coutumes particulières aux Juifs! Et, dans son épître aux Galates, l'apôtre Paul nous lance une invitation très actuelle :

18. Texte reproduit en entier à l'adresse suivante : <www.synodeparvis. com>.

Frères, si le Christ nous a libérés, c'est pour que nous soyons libres. Alors, tenez bon, et ne reprenez pas les chaînes de votre ancien esclavage. Vous avez été appelés à la liberté. Mais que cette liberté ne soit pas un prétexte pour satisfaire votre égoïsme ; au contraire, mettez-vous, par amour, au service les uns des autres. Car toute la Loi atteint sa perfection dans un seul commandement. Et le voici : Tu aimeras ton prochain comme toi-même...

Nos contemporains ne renonceront pas aux valeurs authentiques de la modernité : liberté de conscience, égalité des sexes... Ces valeurs sont d'ailleurs issues, en partie, du message évangélique, tel que nous pouvons le vivre dans le contexte d'aujourd'hui.

Beaucoup de baptisés, de fait ou de cœur, ne reconnaissent la Bonne Nouvelle ni dans le mode de fonctionnement, ni dans les paroles de la hiérarchie de l'Église. Comme me disait un jour le théologien Albert Nolan, dominicain œuvrant en Afrique du Sud, « L'Église annonce surtout de mauvaises nouvelles ».

Malgré tout, je crois que nous n'avons pas pour vocation d'assister à la mort de notre Église, mais plutôt à sa « re-fondation ». Le terme n'est pas de moi. Il est de plus en plus employé dans les milieux pastoraux. Votre responsabilité épiscopale vous place au premier rang de ceux et celles qui sont invités à devenir les premiers « nouveaux chrétiens » du troisième millénaire. Mais je sais maintenant que vous devez faire face à un obstacle majeur, connu seulement des initiés à la vie interne du magistère de l'Église. Il est temps d'en informer tous les membres du Peuple de Dieu, au sens où l'entendaient les Pères du Concile. Ils ont droit de savoir et de réagir face aux contraintes qui ont été imposées à une dizaine d'entre vous, à titre personnel, depuis 1987. Et à vous tous, en 1998.

Même si j'ai vécu une quinzaine d'années parmi des spécialistes du Royaume de Dieu, je n'ai connu que récemment l'existence et le texte du serment de fidélité que tous les évêques nommés depuis 1987 ont dû prononcer. C'est là, certainement, une exigence lourde à porter ! Au point que l'un d'entre vous m'a affirmé que le Vatican avait de plus en plus de difficulté à recruter de nouveaux titulaires pour remplacer les évêques qui prennent leur retraite.

Voici le texte que vous connaissez bien :

Moi, N., qui ai été nommé au siège de NN, je resterai toujours fidèle à l'Église catholique et à l'évêque de Rome, son pasteur suprême, représentant du Christ et successeur de l'apôtre Pierre dans la primauté, et chef du collège des évêques.

Je me conformerai au libre exercice du pouvoir suprême du pape dans toute l'Église, je m'efforcerai de promouvoir et de défendre ses droits et son autorité et respecterai les prérogatives et les pouvoirs exercés par les délégués du pape qui interviendront pour le représenter.

J'exercerai avec le plus grand soin les pouvoirs apostoliques conférés aux évêques pour enseigner, sanctifier et diriger le peuple de Dieu, dans la communion hiérarchique avec le collège des évêques, sa tête et ses membres.

Je soutiendrai l'unité de toute l'Église et c'est pourquoi je veillerai scrupuleusement à ce que soit conservé dans sa pureté et son intégralité le fondement de la foi qui a été transmis par les apôtres et que les vérités soient respectées et la morale observée telles que le magistère de l'Église les a présentées, les enseigne et les explique à tous…

Plusieurs théologiens et canonistes ont constaté que le droit canon était actuellement utilisé par Rome pour neutraliser certaines décisions du Collège épiscopal au Concile Vatican II et d'autres décisions, prises par le pape Paul VI, dans le prolongement du Concile. Les décrets du Vatican ont été multipliés pour raffermir le pouvoir de Rome.

Par exemple, ce qui était en 1988 un document de travail de fonctionnaires romains à propos du statut des conférences épiscopales est devenu en 1998 une loi. Des projets de doctrine que l'on ne contredit pas formellement aujourd'hui peuvent faire demain partie des normes traditionnelles de l'Église. C'est l'absence d'opposition à des assertions concernant le caractère définitif de certaines doctrines qui pourra fonder demain leur légitimité.

Ces propos sont tirés d'une conférence très documentée du chanoine émérite Werner Böckenförde, professeur de droit canon et de législation civile ecclésiastique à Francfort. J'ai emprunté à la même source le texte du serment de fidélité imposé aux évêques[19].

---

19. <www.synodeparvis.com>.

Depuis l'adoption du *motu proprio* « *Ad Tuendam Fidem* », en 1998, la substance du serment de fidélité de 1987 a été insérée dans le droit canon (la loi interne de l'Église). Il en résulte que tous les évêques du monde sont maintenant soumis à la même contrainte que les évêques nommés depuis 1987. C'est là que résident les « nœuds doctrinaux et disciplinaires » dont parlait le cardinal Martini cité précédemment. Par exemple, le fait que le sacerdoce ne soit pas accessible aux femmes est désormais un point de doctrine !

✳ ✳ ✳

Vous me permettrez, Monsieur le cardinal et Messieurs les évêques, de laisser parler mon cœur de chrétien et de grand-père, blessé par le contre-témoignage sous-jacent au langage officiel de l'Église. Plus je lis l'Évangile, plus je le trouve pertinent pour les humains de notre temps. Les textes du Vatican m'inspirent généralement un sentiment contraire. Ce style d'autorité, ce type de discours mettraient en péril l'avenir de notre Église s'ils devaient se prolonger. Un jugement subjectif, me direz-vous. Certes oui. Mais nous sommes des millions de par le monde, dont plusieurs milliers habitent dans vos diocèses, à partager cette lecture « subjective ». Je n'ose suggérer de chiffre pour le nombre de prêtres et d'évêques qui n'en pensent pas moins, mais ne le disent pas !

Nous vivons dans une monarchie absolue! Bien loin des espoirs qu'avait fait naître le vent de liberté et de responsabilité partagée qui a soufflé sur Rome le temps d'un concile. Ces espoirs ont été balayés par une tornade impériale, presque constantinienne. Si Jean XXIII avait finement relégué au musée la notion d'infaillibilité pontificale, disant qu'il ne s'agissait pas là d'une prérogative dont il entendait se servir, celle-ci n'en a pas moins repris place, sous des vocables divers, au premier plan de la stratégie pastorale de Rome.

L'espace de liberté, dont vous avez besoin pour parler, est autre chose que la langue de bois, du genre : « Cette question-là relève de Rome! » Il me semble entendre vos diocésains demander :

> Qui va nous interpréter l'Évangile, à Saint Romuald ou à Saint-Henri, à Dolbeau ou à Trois-Rivières? Nous faudra-t-il toujours écrire au « curé de la planète »? Nous avons besoin de quelqu'un de plus près, capable de comprendre nos plus profondes histoires d'amour, d'écrire sur le trottoir, avec une craie, et de faire entendre raison à ceux qui veulent nous lapider. Quelqu'un qui croirait au retour de l'enfant prodigue, ou bien parce qu'il a des enfants, ou bien... parce qu'il est si proche du Fils de Dieu qu'il comprend tout.

Il vous faut un espace de liberté pour parler selon votre cœur, quitte à vous tromper, comme tout le monde! Il suffit de lire l'Histoire! Aujourd'hui, Rome s'excuse des erreurs commises en 1054 et en 1520. Faudra-t-il attendre en 2500 pour que le même Rome, ou des successeurs des apôtres et membres du Collège épiscopal, admettent les abus d'autorité commis durant les dernières décennies?

Tous les évêques du monde sont appelés à choisir entre la langue de bois... et un certain «beau risque». Soit dit sans allusion au royaume de César.

Dieu nous a voulus, il nous a faits libres. Tous, sans exception, pour le meilleur... ou pour le pire (j'imagine que certains d'entre vous se demandent si, dans mon cas, ce ne fut pas pour le pire!).

En n'optant pas pour un certain risque, un petit risque, vous allez décourager bien du monde. En particulier ceux et celles qui œuvrent encore dans vos diocèses, tout en étant humiliés, scandalisés, de lire certaines décisions romaines. Le langage est plutôt formaliste, mais l'on vous dit, en somme: «Vous ne devez pas laisser approcher trop près de vous les simples laïcs; ne faites confiance qu'à ceux et celles sur qui vous avez une autorité solide...»

Parmi ces hommes et ces femmes, plusieurs rêvent d'exercer un ministère ordonné, mais pas selon l'esprit qu'on veut vous imposer.

Il y a un certain temps, on m'a rapporté le fait que l'Assemblée des évêques préparait un important congrès pour parler, enfin, de la révision des ministères. J'en étais fou de joie... Si, aujourd'hui, j'ouvre mon large bec pour vous faire part de ma déception, c'est que votre projet a été révisé... par Rome! On vous a laissé savoir qu'il ne fallait pas aborder ce sujet!

Autre dossier, même « nœud disciplinaire ». J'ai entendu dire sur le tard, qu'un important synode des évêques allait se tenir à Rome, du 30 septembre au 27 octobre 2001. Le thème : le rôle de l'évêque dans l'Église. J'ai immédiatement téléphoné au secrétariat de votre Assemblée pour m'informer des délégués québécois à ce synode. J'avais oublié que, même dans l'Église catholique, il y a des problèmes de juridiction ! On me rappela d'Ottawa pour m'aviser que, deux ans plus tôt, la CECC avait désigné quelques-uns de ses membres pour préparer le synode de l'automne 2001 et que la liste des participants proposés avait été acheminée à Rome. Mais l'acceptation de la Curie n'étant pas encore parvenue à la CECC, on ne pouvait satisfaire à ma demande !

Je présume que mon étonnement ne vous surprend pas et que vous avez vous-mêmes appris cette nouvelle avec étonnement.

*   *   *

En ces temps de climats instables, troublés par les foudres ecclésiastiques aussi souvent que par les tornades célestes, je veux vous assurer que mes deux frères prêtres n'ont ni inspiré, ni revu, ni même lu la présente lettre avant qu'elle soit publiée. Dans notre famille, tous les membres sont libres et autonomes. Je souhaiterais qu'il en fût de même au sein de notre Église.

Cela dit, je me sens plus à l'aise pour poser la question :
« Est-il possible que le silence des évêques du Québec sur
les "sujets défendus" perdure jusqu'à la mort appréhendée
de notre Église au Québec (exception faite pour l'Église
de Montréal, grâce aux communautés culturelles)? »

Je sais que plusieurs d'entre vous avez, dans vos avis
semi-publics à vos diocésains, manifesté la compassion
que l'on peut attendre d'un successeur des apôtres. Mais
elle ne suffit pas. Songez, par exemple, à l'heureuse polé-
mique publique entretenue par trois évêques allemands,
et non des moindres, avec le cardinal Ratzinger, sur la
question des divorcés remariés. Imaginez que des évêques
de dix ou douze pays aient eu la même audace... le dé-
nouement aurait été tout autre.

Le renversement de l'esprit conciliaire, en particulier
de la tendance vers une plus grande collégialité épiscopale,
ne s'est pas fait en un jour. La centralisation du pouvoir à
Rome s'est accentuée entre 1987 et 2001, l'année 1998
marquant un sommet. J'y ai déjà fait allusion. Combien
d'évêques dans le monde se sont inquiétés publiquement
de cette escalade? Un petit nombre.

Plus nombreux à intervenir, les théologiens sont trop
loin de la Curie romaine pour être entendus. De fait, on a
le sentiment que le Vatican n'entend que l'écho de sa voix,
servi par la plus grande machine de communication dont
dispose une même institution de par le monde entier.
Bien au-delà des capacités de l'ONU, par exemple.

Vous avez lu le cardinal König, l'un des acteurs impor-
tants du concile, vous avez lu l'archevêque émérite de San
Francisco, John. R Quinn, l'archevêque Rembert Weakland,
l'évêque Gaillot... et plusieurs autres. Ils ont parlé de la
façon d'exercer l'autorité au sein de l'Église, aujourd'hui.
Pourquoi n'en parlez-vous pas, vous aussi ?

Les évêques qui ont contribué à ce débat crucial sont
bien loin (physiquement) des jeunes générations de Québécois, lesquels croient encore au Christ et s'intéresseraient
à son Évangile, s'il était interprété, pour notre siècle, par
ceux qui ont mission de le faire connaître. Les jeunes ont
désespéré de l'Église, car, pour eux, l'Église c'est vous, qui
gardez le silence, et le pape, qui parle trop ! Vous n'osez pas
dialoguer avec l'évêque de Rome, ni même avec sa Curie.
Publiquement, je veux dire. Ce que vous murmurez à l'un
et à l'autre dans l'oreille... n'y comptez pas trop !

* * *

Quant au prochain pontife, il faudrait un miracle pour
qu'il ne soit pas le continuateur de l'œuvre de Jean-Paul II.
Dans sa constitution apostolique, *Universi Dominici Gregis,*
l'évêque de Rome a transformé radicalement le mode de
scrutin qui prévaudra lors du prochain conclave : l'élection
se fera par les cardinaux présents à la majorité absolue
(cinquante pour cent des voix plus une) et non plus des
deux tiers, ainsi qu'il était de mise depuis le douzième

siècle. Si les cardinaux « conservateurs » entrent au conclave en ayant déjà fixé leur choix sur un candidat assuré de cinquante pour cent des voix plus une, ils n'ont qu'à laisser passer un certain nombre de scrutins tenus sur l'ancienne base, des deux tiers... après quoi la nouvelle procédure établie par Jean-Paul II leur permettra de l'emporter[20].

* * *

Seul un débat public sur le partage des responsabilités entre l'évêque de Rome, le Collège des évêques et les successeurs des apôtres sur leur territoire respectif, pourrait protéger notre Église contre les risques d'une prolongation indéfinie du règne d'une monarchie aussi obsolète qu'absolue. Et, sans la participation à ce débat d'un certain nombre d'évêques de partout dans le monde, il n'y a guère d'espoir. Notre Église maintiendra son refus des valeurs fondamentales de la modernité.

Il vous revient de donner le signal de l'ouverture et de la transparence. Le Peuple de Dieu, que vous n'avez malheureusement pas habitué à se sentir co-responsable de l'avenir de Église pourrait, à votre suite, exprimer le « sensus fidelium » !

---

20. Les personnes intéressées aux détails de la nouvelle procédure en trouveront une analyse, rédigée par un expert (Thomas J. Reese, S.J.), dans la revue *America* du 13 avril 1996.

Parlez, de grâce, encouragez vos prêtres et l'ensemble des baptisés à se poser et à vous poser les vraies questions. Celles, par exemple, que vous n'avez pas osé aborder dans vos réactions aux recommandations de vos synodes diocésains. Elles font partie des « nœuds doctrinaux et disciplinaires » dont a parlé le cardinal Martini.

✳ ✳ ✳

Plusieurs évêques, plusieurs prêtres, plusieurs religieuses d'Amérique du Sud ont risqué leur vie… et l'ont perdue. Ils ont défendu, dans leur contexte particulier, ce qu'ils croyaient être les exigences du message évangélique. Chez eux, la vie spirituelle était imbriquée inextricablement dans la survie économique, voire physique, de leurs ouailles. De là est née la *théologie de la libération*. Votre situation est moins complexe. Personne ne vous demande de régler les questions économiques ou politiques. Mais, pour l'avenir spirituel de notre société, l'héritage chrétien a de l'importance, beaucoup d'importance. Et la transmission de cet héritage requiert une présence dynamique, adaptée aux *signes des temps*, ouverte à l'œcuménisme, de notre Église. Les croyants attendent de vous une *théologie de la liberté spirituelle*, de la liberté des enfants de Dieu.

Pour vous encourager à rompre le silence, j'emprunterai ces paroles récentes du cardinal Walter Kasper :

75

L'Église locale n'est ni une province ni un département de l'Église universelle; elle est l'Église à un endroit donné. L'évêque local n'est pas le délégué du pape, il est un envoyé de Jésus-Christ. C'est le Christ qui lui confie une responsabilité personnelle. Il reçoit les pleins pouvoirs par sa consécration sacramentelle – les pouvoirs dont il a besoin pour administrer son diocèse. C'est là l'enseignement du Concile Vatican II[21].

Que risquez-vous? Des ennuis? Dans le pire des cas, vous vous verrez attribuer un diocèse vraiment disparu au lieu de garder celui qui risque fort de disparaître. Vous pourriez suivre l'exemple de Jacques Gaillot. Il n'a pas trop mal réussi son recyclage, au point que ses collègues de l'épiscopat français lui ont fait une fleur! Et il compte plus de diocésains dans son nouveau diocèse de Partenia qu'il n'en avait à Évreux!

Vous avez pour mission de nous ramener à la fraîcheur des origines de l'Église. Avant même sa naissance comme institution et surtout avant le baiser de Constantin! Aux lendemains de la Pentecôte, la chaleur du Christ était encore perceptible, Paul pouvait agir comme pasteur sans

---

21. Cette citation est tirée d'un article signé par le cardinal Walter Kasper, paru dans la revue *America* (23 avril 2001), sous le titre: «On the Church, a friendly reply to Cardinal Ratzinger». Le texte, écrit en allemand, a été traduit en anglais par le jésuite Ladislas Orsy. Je me suis permis de traduire la courte phrase citée. J'invite tous mes lecteurs à lire le texte intégral du tout nouveau cardinal Kasper, maintenant président du Conseil pontifical pour la promotion de l'unité chrétienne.

que Pierre le suive à la trace. C'est dans cette direction qu'il faut chercher un avenir pour notre Église... et sa contribution à l'avenir de notre monde. Notre conviction, établie depuis le dernier concile, que le salut du genre humain ne relève pas d'un privilège exclusif à l'Église catholique, n'équivaut pas à une raison pour baisser les bras.

Veuillez croire, Monsieur le Cardinal, Messieurs les archevêques et évêques, que j'ai le plus grand respect pour les fonctions que vous occupez. Je ne doute pas que vous comprendrez la sincérité de mon geste, même si vous n'appréciez pas la forme que j'ai choisi de lui donner.

Jean-Paul Lefebvre

Les Épîtres de Marguerite / essai
Marguerite Lescop

Richard Verreau, Chanter plus beau / biographie
(disque compact inclus)
Louis Thériault

Yansie / roman
Lysanne Bibeau

Des yeux pour le dire / autobiographie
Collection « Témoins »
Robert Jean

Visitez notre site Internet : www.lescop.qc.ca